Julitta Rössler

Raus aus Hamsterrad und Tretmühle

Erkenntnisse der Hirnforschung
für den Job

KREUZ

Dieses Buch widme ich allen Menschen, die gerne und leistungsstark arbeiten wollen, daneben aber auch anderen Dingen in ihrem Leben Raum und Zeit geben möchten,

sowie ganz besonders

Horst, Kevin und Marvin, die wichtigsten Menschen in meinem Leben, für die ich Zeit haben möchte und deshalb ganz bewusst immer wieder auch aufhöre zu arbeiten.

MIX
Papier aus verantwortungsvollen Quellen
FSC® C106847
www.fsc.org

© KREUZ VERLAG
in der Verlag Herder GmbH, Freiburg im Breisgau 2012
www.kreuz-verlag.de

Umschlaggestaltung: [rincón]? medien gmbh, Köln
Umschlagfoto: © shutterstock/Eric Isselée/AleksandrN
Autorenfoto: © Susanne Weiland

Satz: de·te·pe, Aalen
Herstellung: fgb · freiburger graphische betriebe
www.fgb.de

Printed in Germany

ISBN 978-3-451-61098-1

Inhalt

Vorwort 7

Kapitel 1 – Immer und überall arbeiten
Energie durch Abschalten und Loslassen 9

Kapitel 2 – Informationsstress und Medienterror
Weniger ist meistens mehr 31

Kapitel 3 – Der Preis der Mobilität
Gelingendes Leben in Zeiten räumlicher Flexibilität 55

Kapitel 4 – Druck und Angst
Menschenwürde im Arbeitsleben 77

Kapitel 5 – Burnout
Arbeit ist nicht alles im Leben 97

Kapitel 6 – Arbeitsleben 2.0 –
anders, schnell, flexibel, neu
Der Arbeitnehmer als Künstler 123

Schlusswort 147
Danke 148
Anmerkungen 150
Literaturempfehlungen 156
Wegweiser zu den Übungen 159

Vorwort

Gehören Sie zu den Menschen, die von steigenden Arbeitsanforderungen geplagt sind und sich zunehmend demotiviert, überlastet und erschöpft fühlen? Möchten Sie stattdessen endlich gerne und mit Wohlbefinden sowie genau deshalb leistungsstark arbeiten? Dann ist dieses Buch gut und wichtig für Sie. Es enthält viele Anregungen und liefert Impulse, wie Ihnen das wieder gelingen kann. Die äußeren Arbeitsbedingungen sind zwar in der Regel nicht zu ändern und allzu oft sehr belastend. Wie Sie aber selbst damit umgehen, darauf können Sie Einfluss nehmen. Hier können Sie oft schon durch kleine Veränderungen viel erreichen.

Sechs besonders belastende Komponenten des heutigen Arbeitslebens sind: überlange Arbeitszeiten und ständige Erreichbarkeit, Informationsflut und exzessive Mediennutzung, steigende Mobilität, zunehmende Angst und Druck, Burnout-Gefährdung sowie extreme Flexibilität. Jeder dieser großen Belastungen widme ich ein Kapitel. Darin gehe ich auf die aktuelle Situation ein, erläutere, *warum* Sie etwas anders machen sollten, und biete Anregungen und Tipps, *wie* Sie sich im täglichen Kampf um Höchstleistungen vor Überlastung schützen können. Dabei sind die neuesten Erkenntnisse der Hirnforschung und der Psychologie meine theoretische Basis. Davon ausgehend stelle ich Ihnen Möglichkeiten vor, wie Sie die Erkenntnisse zu Ihrem unmittelbaren Nutzen im Arbeitsalltag praktisch umsetzen können. Zudem können Sie von den konkreten Übungen und Anregungen zur Selbstreflexion profitieren. In den grau unterlegten Kästen finden Sie Angebote für Ihre aktive Auseinandersetzung mit Ihrer persönlichen Situation sowie alltagstaugliche Hilfestellungen. Bei der Zusammenstellung habe ich mich von den Erfahrungen aus meiner Coachingarbeit leiten lassen. Die Auswahl der Angebote beinhaltet vieles von dem, was meine Kunden immer wieder als bereichernd und hilfreich empfunden haben. Natürlich können Sie nicht alles, was in diesem Buch angeboten wird, unmittelbar umsetzen; suchen Sie sich einfach das heraus, was Ihnen momentan sinnvoll und hilfreich erscheint. Probieren Sie aus, was gerade jetzt zu Ihnen passt und gut für Sie ist. Gehen Sie in kleinen Schritten vor und überfordern Sie sich nicht, denn ein zweites Hamsterrad brauchen Sie gerade jetzt nicht.

Ich wünsche Ihnen eine spannende Lektüre, viele Impulse und Freude beim Lesen dieses Buches.

Ihre Julitta Rössler

Immer und überall arbeiten
Energie durch Abschalten und Loslassen

»Wer vom Tag nicht zwei Drittel für sich
selbst hat, ist ein Sklave.«
Friedrich Nietzsche

Traum und Wirklichkeit

Glaubt man manchen Berichten in den Medien, so befinden wir uns auf dem Weg in eine paradiesische Arbeitswelt. Laptop, Smartphone und Tablet-PC sei Dank. Jeder
kann selber bestimmen, wann, wo und wie lange er arbeiten will. Die Anwesenheitsdauer im Büro ist nicht länger wichtig. Zeiterfassungssysteme gehören der Vergangenheit an. Allein die Arbeitsergebnisse zählen. Manager
leiten ihre Unternehmen aus weiter Ferne unter südlicher
Sonne, während sie mit ihrer Segeljacht eine schöne Bade-
bucht ansteuern. Ihre Mitarbeiter arbeiten derweil in
ungezwungener Atmosphäre in ihrem Lieblingscafé, auf
dem gemütlichen Sofa zu Hause, auf der Terrasse ihres
Ferienhauses oder von irgendwo sonst auf dieser Welt.
Zwischendurch machen sie einen Stadtbummel, kümmern
sich um ihre Kinder, erledigen nebenbei ihre Hausarbeit

und widmen sich ihrer Arbeit, wenn es in ihren alltäglichen Zeitplan passt. Die Vereinbarkeit von Beruf und
Familie ist für junge Paare aufgrund zeitlicher Flexibilität
ein Kinderspiel. Morgenmenschen arbeiten schon, wenn
alle anderen noch schlafen. Nachteulen genießen lieber
erst den Tag und arbeiten abends und nachts, wenn sie so
richtig munter werden. Gelegentlich geht der moderne
Büromensch in die Firma an seinen flexiblen Arbeitsplatz.
Dort trifft er sich mit den Kollegen und dem Management.
Die Atmosphäre und die Umgebung sind äußerst offen
und anregend gestaltet, quasi als Arbeitsoase mit Well-
ness-Charakter. Inspiriert zu kreativen Brainstorming-
Feuerwerken können die Mitarbeiter sich hier entfalten
und voller Ideen wieder in ihre privaten Arbeitsbereiche
zurückkehren. Vertrauensarbeitszeit, Frei-Angestellter und
Selbst-Unternehmer, das sind die oft benutzten Umschrei-
bungen für diese moderne, freie und selbstgesteuerte Art
zu arbeiten.

Klingt das nicht fantastisch? Tatsächlich sieht die Wirklichkeit für viele Menschen aber noch völlig anders aus –
leider. Ich lege die Betonung auf »leider«, weil ich zutiefst
davon überzeugt bin, dass die medialen Möglichkeiten
Spielraum für freie, selbstbestimmte und unabhängige Arbeit bieten.
   In der Arbeit mit meinen Klienten, in Gesprächen mit
Seminarteilnehmern und Freunden erlebe ich allerdings
sehr anschaulich, wie weit Traum und Wirklichkeit derzeit
noch voneinander entfernt sind. Da gibt es die Mitarbeite-
rin, die andauernd bis spät in den Abend arbeiten muss.
Auf die Frage nach möglichen Arbeitserleichterungen erhält sie von ihrem Chef lediglich den Hinweis, dass sie

doch eine Putzhilfe engagieren könne. Ein Abteilungsleiter wird am Tag der Beerdigung seines Schwiegervaters zur Teilnahme an einer Telefonkonferenz genötigt. Immer mehr Menschen arbeiten auch im Urlaub. Morgens beim Frühstück checken sie ihre E-Mails, ihren Laptop nehmen sie mit an den Pool und auch in abendlichen Unterhaltungen an der Bar mit anderen Urlaubern schleicht sich immer wieder das Thema Arbeit in den Vordergrund. Im Skilift wird zwischen zwei Abfahrten per Handy ein laufendes Projekt mit dem Kollegen besprochen. Selbst Mitarbeiter, die krank und arbeitsunfähig zu Hause bleiben müssen, werden von den Kollegen belästigt. Telefonkonferenzen zu beinahe jeder Tag- und Nachtzeit bestimmen den Arbeitsalltag vieler Menschen. Schließlich kennt die globalisierte Welt keinen Feierabend. Irgendwo auf dieser Welt wird immer gearbeitet. Selbst an Sonn- und Feiertagen bleiben viele Menschen auch für Arbeitsanfragen erreichbar. Die klassische »Nine-to-five-Gesellschaft« hat längst ausgedient. Die Grenzen zwischen Arbeitszeit und Privatzeit verschwimmen. Viele Menschen sind dabei zum Extremjobber geworden. In einer Pressemitteilung des Statistischen Bundesamtes heißt es, dass 10 Prozent der Erwerbstätigen überlange Arbeitszeiten von mehr als 48 Stunden pro Woche haben, teilweise sogar 60 Stunden pro Woche und mehr.[1]

Noch können wir eben doch nicht arbeiten, wann, wo und wie lange wir *wollen*, sondern *müssen* scheinbar immer und überall einsatzbereit sein. Irgendetwas scheint in der modernen Arbeitswelt nicht zu stimmen.

Auszeiten schützen vor emotionaler Erschöpfung

Um dauerhaft effizient und produktiv arbeiten zu können, brauchen wir persönliche Auszeiten, also immer wieder Abstand von unserer Arbeit. Nur wer auf ein gelungenes Wechselspiel zwischen herausfordernder Aktivität und erholsamer Ruhe achtet, kann langfristig in hohem Maße leistungsfähig sein. Im Rahmen einer zwölfmonatigen Studie mit 300 Angestellten hat sich gezeigt, dass bei hohen Anforderungen im Berufsalltag gerade die Auszeiten langfristig vor emotionaler Erschöpfung bewahren.[2] Auch spätabends, nachts oder am Wochenende zu arbeiten kann zwar kurzfristig dazu beitragen, hohe Arbeitsanforderungen und großen Zeitdruck zu reduzieren; langfristig treten dadurch allerdings erhebliche mentale Erschöpfungszustände auf. Um dauerhaft leistungsstark und effizient sein zu können, ist es wichtig, die Arbeit und alle Themen rund um die Arbeit regelmäßig aus dem Kopf zu verbannen. Menschen, die von der Arbeit abschalten, sich entspannen oder sich engagiert ganz anderen Themen zuwenden, verbessern ihre mentale Verfassung und tragen diese bessere Stimmung leistungsförderlich mit in den Arbeitsalltag.

Wir können etwas ändern! Dabei möchte ich keineswegs die alten Arbeitszeitsysteme erhalten oder zu diesen zurückkehren. Zeiten und Möglichkeiten ändern sich. Überholte Zeitstrukturen zu erhalten oder ihre Wiedereinführung zu propagieren ist eine naive und völlig unrealistische Utopie. Anwesenheitskontrolle ist nicht erstrebenswert, raubt sie uns doch Freiheit und Selbstbestimmung. Eine moderne und freie Arbeitswelt ohne Zeitdiktat ist attraktiver, aber eben auch schnelllebig, flexibel und allzeit präsent. Das können wir nicht ändern. Damit sind Vorteile, aber auch mögliche Nachteile verbunden. Die Frage ist, wie wir damit umgehen. Genießen wir die positiven Chancen oder leiden wir unter den negativen Auswirkungen? So wie die Glühbirne nicht erfunden wurde, um zu jeder Tages- und Nachtzeit zu arbeiten, so wurden auch die modernen Medien nicht erfunden, um pausenlos und rund um die Uhr tätig zu sein. Mancher Chef scheint da anderer Meinung zu sein. Wie sonst können die oben beschriebenen Absonderlichkeiten entstehen? Kompetente Führung und Respekt vor den Mitarbeitern sehen anders aus. Deshalb ist es umso wichtiger, dass wir selber die Verantwortung für uns übernehmen.

Manchmal scheint es aber, als ob wir verlernt hätten, Zeit völlig frei und ohne einen konkreten Zweck unseres Handelns zu genießen. Stattdessen erledigen wir andauernd irgendetwas, reagieren auf alles, arbeiten unsere To-do-Liste ab und füllen sogar unsere Freizeit mit pausenlosen Aktivitäten. Immer glauben wir, etwas tun zu müssen, fast so, wie Loriot es wunderbar in seinem Sketch »*Feierabend*« beschriebenen hat. Dort bedrängt die Ehefrau ihren Mann immer wieder, sich zu beschäftigen. Dabei möchte er nichts lieber tun, als Nichts zu tun, nichts Besonderes denken und dabei einfach nur entspannen.[3]

Zeiten des geistigen Nichtstuns, des wunderbaren Tagträumens, des selbstbestimmten Müßiggangs schaffen Wohlbefinden, anhaltende Leistungskraft und mentale Gesundheit. Dann, wenn unser Gehirn vermeintlich nichts Besonderes tut, ist es dennoch aktiv, allerdings auf besondere Art und Weise. Der amerikanische Neurologe Marcus

Raichle, einer der ersten Forscher, der bildgebende Verfahren nutzt, um dem Gehirn bei der Arbeit zuzusehen, entdeckte eher zufällig eine Grundaktivität in einigen Regionen des Gehirns. Sie ist immer dann vorhanden, wenn der Mensch gerade nicht konkret mit einer Aufgabe beschäftigt ist, sondern ganz zweckungebunden seinen Gedanken freien Lauf lässt. Dieser auch als »Default-Modus« bezeichnete Aktivitätszustand ist nach neuesten Erkenntnissen sehr wichtig, um in unserem Kopf aufzuräumen und Freiraum für neue Ideen zu schaffen. Man geht davon aus, dass es sich um einen »Offline-Modus des Gehirns« handelt, ähnlich dem Offline-Modus eines Computers. Ohne Internetverbindung können wir am Computer nur mit den internen Daten der Festplatte arbeiten. In gleicher Weise schaltet auch unser Gehirn auf einen internen Betrieb um, ohne Signale von außen. Es sichtet, sortiert und beschäftigt sich dann nur mit den vorhandenen Informationen. Neue Informationen werden organisiert, geordnet und sinnvoll in das bestehende Gedankennetz eingebunden. Ähnliches passiert übrigens auch im Schlaf, einer der wichtigsten Auszeiten, insbesondere wenn wir stark belastet sind.

Diese Aufräumarbeiten schaffen nach heutigen Erkenntnissen anscheinend auch die Basis dafür, dass wir uns und unsere Situation kritisch und mit etwas Abstand betrachten können, quasi aus der Vogelperspektive. Offenbar gelingt es dadurch auch besser, uns in die Situation anderer Menschen hineinversetzen zu können. Außerdem können wir gerade, wenn wir uns nur mit uns selbst beschäftigen, vergangene Ereignisse gut in Erinnerung rufen und uns zukünftige Ereignisse unter einem neuen Blickwinkel vorstellen. Das hilft, Routinereaktionen zu durchbrechen. [4, 5]

Durch Tagträumerei gelingt es, wohltuend Abstand von der zeitlichen Dauerbeanspruchung zu nehmen. Abgeschottet von außen kommen unsere Gedanken zur Ruhe. Kurze Zeiten dieser Art des Nichtstuns, auch während der täglichen Arbeitszeit, bewahren vor gefährlicher Überlastung. Lehnen Sie sich also ab und zu einfach zurück und lassen Sie Ihren Gedanken freien Lauf. Unser Gehirn braucht diese schöpferischen Pausen. Sie sind die Basis für kreative, neue und außergewöhnliche Ideen. Die besten Ideen entstehen nämlich genau dann, wenn wir aufhören, angestrengt über etwas nachzudenken. Jeder kennt solche Momente mit plötzlichen Geistesblitzen und Aha-Erlebnissen. Sie passieren meist genau dann, wenn wir uns mit nichts Besonderem beschäftigen. Erst wenn wir uns ab und an dem wundervollen Nichtstun hingeben, schöpfen wir die gesamte Vielfalt der Fähigkeiten unseres Gehirns aus.[6] Möglicherweise erinnern wir uns dabei auch an schöne Erlebnisse in der Vergangenheit. Unser Hirnstoffwechsel verändert sich dadurch. Glückshormone werden ausgeschüttet und wir fühlen uns wohl. Beflügelt von dieser kurzen Seelenmassage kehren wir wieder mit frischer Energie an unsere Aufgaben zurück.

Was wir tun können

Bleibt die Frage, wo und wie wir Grenzen ziehen können und auch wollen. In welchem Umfang lassen wir es zu, zum modernen Arbeitssklaven zu werden? Wieso erlauben wir anderen, uns pausenlos zu beanspruchen? Es ist dringend nötig, über die eigenen Einstellungen nachzudenken.

Ist es wirklich erstrebenswert, das Privatleben einer vielleicht steilen und schnellen Karriere mit extremen Arbeitszeiten zu opfern? Bei ehrlicher Rechnung ist der realisierte Lohn pro Arbeitsstunde unter Umständen nicht mehr wesentlich höher als der Stundenlohn eines gering Qualifizierten. Der karriereorientierte und rund um die Uhr arbeitende Angestellte hat nur absolut betrachtet gut verdient, vielleicht sogar viel Geld verdient, er hat aber keine Zeit mehr, sein Leben zu genießen.

Nicht immer wird ständige Arbeit als belastend und negativ empfunden. Der intellektuelle Anspruch moderner Arbeit ist mitunter sehr reizvoll und es kann Spaß machen, sich schnell immer wieder neuen Herausforderungen zu stellen. Da fällt es schwer, ab und an einfach mal aufzuhören. Der dauernde Adrenalin-Kick kann süchtig machen. Fast jeder kennt mittlerweile einen Workaholic in seinem Umfeld.

Bedeutet permanente Erreichbarkeit und Arbeitsbereitschaft vielleicht auch das gute Gefühl von Unentbehrlichkeit? Sich darin zu sonnen macht auch Spaß, oder? Na ja, zumindest, bis wir irgendwann vor Erschöpfung zusammenbrechen. Wenn wir dadurch für längere Zeit ausfallen, müssen wir schmerzlich erkennen, dass wir eben doch, sehr schnell sogar, ersetzbar sind. Unser Gefühl von Wichtigkeit reduziert sich dann unmittelbar und notgedrungen auf ein realistisches Maß.

Viele denken vielleicht auch, wenn die Kollegen und Kunden nicht wären, könnte ich ja weniger arbeiten und hätte mehr Freizeit. Schließlich kann man sie ja nicht hängen lassen. So oder ähnlich kann überlanges Arbeiten auch begründet werden. »Ich würde ja …, wenn da nicht die anderen wären«. Das klingt, als ob wir mildtätige Samari-

ter wären. Ich vermute darin eher eine wenig überzeu-
gende Entschuldigung all derjenigen, die einfach nicht
»Nein« sagen können.

Gut ist eben nicht gut genug. Auch das kann antreiben,
immer mehr zu arbeiten. Natürlich können alle Aufgaben
immer noch besser erfüllt werden. Insbesondere wenn die
Arbeit immer und überall erledigt werden kann. Wie viel
mehr Energie müssen wir aber aufwenden, um von guter
zu perfekter Qualität zu gelangen? Ist das Ergebnis diesen
erhöhten Energieaufwand wirklich wert?

Inkompetente Führungskräfte sind nur die eine, zwei-
fellos sehr unangenehme und beklagenswerte Seite der
Medaille. Die andere Seite der Medaille sind wir selber.
Uns und unser Verhalten können wir ändern, das der
anderen nicht. Regelmäßig 60 Stunden und mehr in der
Woche zu arbeiten, das ist sicherlich überdenkenswert.

Ich möchte Sie an dieser Stelle anregen, sich gelegentlich
Zeit für einen inneren Dialog mit sich selbst zu nehmen. Es
gibt eine Menge Fragen, die helfen können, die eigene Le-
bens- und Arbeitssituation zu klären und Ansatzpunkte
für Veränderungen zu finden. Auch das ist eine sinnvolle
Auszeit, die wir uns ab und an gönnen sollten. Hier finden
Sie eine kleine Auswahl möglicher Fragestellungen:

Mein Leben, meine Arbeit – eine Selbsteinschätzung

▪ Wofür arbeite ich? Was ist mein Ziel? Was treibt mich an?

▪ Gestatte ich anderen, mich zu treiben, und wer treibt mich?

▪ Für wessen Ziele arbeite ich? Sind das auch meine Ziele?

▪ Wer bin ich, wenn ich nicht arbeite oder arbeiten kann?

▪ Wenn ich finanziell abgesichert ein Jahr Zeit frei zur Verfügung hätte, was würde ich damit machen?

▪ Wie wichtig ist mir privates Glück, wie wichtig beruflicher Erfolg? Wie gelingt es mir, beides zu verbinden?

▪ Wie viel Zeit für selbstbestimmte Gestaltung habe ich und wie nutze ich diese Zeit?

▪ Was ist meine Vision, mein Traum von einem idealen Leben?

▪ Was würde ich bereuen, im Leben nicht getan zu haben?

▪ Was ist mir wirklich wichtig im Leben? Was genau tue ich, um es zu verwirklichen?

Persönliche Grenzziehungen sind nicht nur ein individuelles Problem. Es ist schwer, inmitten von rund um die Uhr arbeitenden Kollegen auf die Einhaltung von persönlichen Auszeiten zu achten. Die Angst vor dem

Verlust des Arbeitsplatzes zwingt dazu, Zugeständnisse zu machen und Kompromisse einzugehen. Es ist nicht leicht, sich den ultimativen und allein durch kurzfristiges Erfolgsdenken getriebenen Forderungen des Managements zu entziehen. Wir arbeiten in einem eng und global vernetzten System von aufeinander bezogenen und voneinander abhängigen Kollegen und können unsere Arbeit nicht völlig nach eigenem Gusto zeitlich gestalten und organisieren. Müssen wir uns aber deshalb andauernd hetzen lassen? Müssen wir wirklich jede Anforderung sofort und unmittelbar erfüllen? Müssen wir auf Regeneration, auf Zeit fernab von der Arbeit, ja letztlich auf Lebensgenuss verzichten? – Sicher nicht! Der Preis dafür ist definitiv zu hoch. Geben Sie niemandem die Macht und das Recht, Sie pausenlos in Beschlag zu nehmen.

Gönnen Sie sich Zeit zum Abschalten. Widmen Sie sich einem Hobby, pflegen Sie Freundschaften, gestalten Sie Ihre Partnerschaft, sprechen Sie mit anderen Menschen über angenehme Themen fernab von laufenden Arbeitsprojekten. Genießen Sie Ihr Leben und hängen Sie auch einfach einmal tagträumerisch Ihren Gedanken nach. Sie können zwar nicht aus dem modernen, sehr schnellen und flexiblen Zeitrhythmus aussteigen. Sie können aber immer wieder ganz bewusst Zeit für sich nutzen. Überprüfen Sie regelmäßig, ob Sie möglicherweise etwas in Ihrem Leben vernachlässigen. Achten Sie darauf, dass keiner Ihrer Lebensbereiche zu kurz kommt. Folgende Gedankenübung kann dabei helfen:

Die Balance der Lebensbereiche

Überlegen Sie, welche Lebensbereiche und was dort genau für Sie wichtig und Glück bringend ist. Hier einige Anregungen:

- Wie zufrieden sind Sie mit Ihrer Partnerschaft? Wie viel Zeit haben Sie füreinander? Was vermissen Sie?
- Wie steht es um Ihre Gesundheit? Wie ernähren Sie sich? Wie oft treiben Sie Sport? Wie fühlen Sie sich?
- Welche Freundschaften pflegen Sie? Wie viel Zeit widmen Sie Ihren Freunden? Wie oft sehen Sie Ihre Freunde?
- Wie viel Zeit widmen Sie Ihrer Familie? Wie viel Zeit verbringen Sie mit Ihren Kindern? Was wissen Sie von Ihren Kindern?
- Wie zufrieden sind Sie mit Ihrer beruflichen Situation? Was möchten Sie noch erreichen? Was müssen Sie dafür tun? Auf was müssen Sie dafür verzichten?
- Welche persönlichen Interessen, Leidenschaften oder Hobbys haben Sie? Wie intensiv kümmern Sie sich darum? Was davon kommt momentan zu kurz? Wie können Sie es möglicherweise doch jetzt realisieren?
- Wie sieht Ihre materielle Versorgung aus? Woran hängen Sie, was ist Ihnen wichtig zu haben? Was müssen Sie dafür tun und sind Sie dazu bereit?

Worauf könnten Sie verzichten? Welchen Zugewinn hätte möglicherweise ein Verzicht?

Betrachten Sie immer wieder auf diese Weise Ihre gesamte Lebenssituation und schreiben Sie Ihre Erkenntnisse auf. Ergänzen Sie die obigen Beispiele um weitere für Sie ganz persönlich wichtige Themen und Fragen. Seien Sie dabei ehrlich zu sich selbst und schauen Sie genau hin, wo Sie Defizite entdecken. Überlegen Sie sich, was Sie als Nächstes tun wollen, um wieder zu einer ausgeglichenen Balance aller wichtigen Lebensbereiche zu kommen. Überfordern Sie sich nicht. Nehmen Sie sich stattdessen immer wieder gut realisierbare Kleinigkeiten vor, beispielsweise eine konkrete Verabredung mit Ihren Kindern zum Fußballspielen.

Eine besonders wirkungsvolle Auszeit ist es, wenn wir die Natur genießen. Anblick und Genuss von Natur haben einen äußerst erholsamen Effekt. Unser Gehirn kann in der reizarmen Natur sehr gut regenerieren. Nach neuen wissenschaftlichen Erkenntnissen reicht dafür schon der Spaziergang durch einen Park oder allein das Betrachten eines schönen Naturfotos.[7] Wir müssen nicht auf die nächste Urlaubsreise warten. Letztlich ist entscheidend, dass alles Geschäftliche aus dem Kopf verbannt wird. Beginnen Sie den Morgen zum Beispiel langsam mit ein paar Minuten meditativer Entspannung in Ihrem Garten bevor Sie das Radio einschalten, die Zeitung lesen, an Ihre Arbeit denken oder sich auf eine andere Weise dem täglichen Wahnsinn widmen. Machen Sie in der Mittagspause einen kurzen Spaziergang durch eine nahegelegene Grünanlage. Lassen Sie vor Ihrem geistigen Auge die schöne Landschaft aus Ihrem letzten Urlaub entstehen, wenn Sie sich ein paar Minuten Entspannung gönnen wollen. Planen Sie diese Zeiten fest in Ihren Tagesablauf ein, dann vergessen Sie sie auch nicht.

Neben regelmäßigen kurzen Auszeiten über den Tag verteilt, kann auch ein kurzer Mittagsschlaf, ein Power-Nap, eine wohltuende Zeit des Abschaltens sein. Menschen, die regelmäßig Power-Napping machen, arbeiten mehrere Stunden danach produktiver und konzentrierter als Menschen, die durcharbeiten. Ein kurzes Nickerchen macht wach, verbessert die Konzentration und die Merkfähigkeit und hebt obendrein auch unsere Stimmung. Dabei reicht schon ein sehr kurzer Schlaf von wenigen Minuten, um die Gedächtnisleistung und damit die Fähigkeit, neue Informationen zu speichern und wieder abrufen zu können, zu verbessern.[8] Außerdem sinkt das Risiko, Fehler zu machen, wir können bessere Entscheidungen treffen, unsere Sinneswahrnehmung ist geschärft, wir sind kreativer, betreiben echtes Anti-Aging, reduzieren unser Risiko für einen Schlaganfall und mindern unser Stressniveau, wie die Psychologin Sara Mednick in verschiedenen Untersuchungen feststellen konnte.[9] Nutzen Sie die positiven Effekte. Schlafen Sie mittags, wenn das geistige Leistungstief am größten ist, für einige Minuten. Ein erfrischender Power-Nap dauert zwischen 10 Minuten und 30 Minuten. Benutzen Sie in der Anfangszeit einen Wecker, um nach spätestens 30 Minuten wieder wach zu werden. Oder trinken Sie kurz davor eine Tasse Kaffee oder Espresso. Die belebende Wirkung des Koffeins setzt in der

Regel etwa 20 Minuten nach dem Genuss ein, also genau dann, wenn Sie wieder aufwachen wollen. Nach einigen Tagen werden Sie von ganz alleine rechtzeitig munter. Achten Sie darauf, dass Sie ungestört sind. Können Sie das im Büro nicht realisieren, suchen Sie sich einen anderen ruhigen Platz. Auf dem heruntergeklappten Sitz Ihres Autos lässt sich beispielsweise wunderbar ein Nickerchen halten. Machen Sie sich keinen Stress, wenn Sie nicht einschlafen können. Eine kurze Zeit mit geschlossenen Augen in entspannter Körperhaltung wirkt bereits Wunder.

Leider gibt es hierzulande erst wenige Arbeitgeber, die diese Kultur des Mittagsschlafes unterstützen und spezielle Ruheräume dafür einrichten. Wer einen Mittagsschlaf hält, dem haftet immer noch das Image des Faulpelzes an. In den USA sind die positiven Wirkungen eines Power-Nap offenbar schon bekannter. In New York gibt es bereits das erste öffentliche Power-Nap-Studio. Dort können Ruhe suchende Menschen Mitglied werden und in speziellen Ruheräumen, auf extra dafür konstruierten Schlafsesseln, ein kurzes Nickerchen halten.[10] Darauf müssen wir in Deutschland sicher noch eine Weile warten. Lassen Sie sich dennoch nicht von dieser erfrischenden Art zu regenerieren abhalten. Ihre deutlich konzentriertere Arbeitsweise am Nachmittag wird mit der Zeit überzeugen und zur Nachahmung animieren.

Es gibt viele Möglichkeiten, sich von übermäßig langer Arbeit zu befreien und Zeit fernab davon zu genießen, um gerade dadurch leistungsbereit und erfolgreich zu sein. Die Verantwortung für Veränderung trägt jeder selbst. Bei freier Zeiteinteilung und ohne störende Büro-Ablenkungen ab und an von zu Hause aus zu arbeiten kann bedeuten, dass wir effizienter sind und Zeit gewinnen. Diese

Zeit sollten wir für uns persönlich nutzen, anstatt sie sofort wieder mit neuen Aufgaben zu füllen. Dazu müssen wir uns und anderen allerdings Grenzen setzen. Nur so können wir das Tempo des immer mehr, immer besser in immer weniger Zeit dauerhaft aushalten. Jeder hat die Freiheit und das Recht, etwas für sich selbst und sein Wohlergehen zu tun. Wer persönliche Freiheit und Abstand von der Arbeit wirklich sucht, kann sie auch finden. Darauf zu warten, dass äußere Umstände sich zu unseren Gunsten ändern, oder darauf zu hoffen, dass der Chef zum sozialen und fürsorglichen Mildtäter mutiert, ist dagegen unrealistische Träumerei.

Oft machen wir uns aber selbst in den wenigen arbeitsfreien Zeiten noch zu Gehetzten, indem wir sie wie einen Höchstleistungswettbewerb gestalten. Dann schieben wir ein Entspannungstraining, eine Yogastunde, eine Meditationssitzung oder eine Trainingseinheit im Fitnessstudio mal eben zwischen zwei wichtige Termine, fühlen uns dabei ungeheuer frei und selbstbestimmt und hechten unmittelbar danach zum nächsten Projekttermin. Es gibt Speed-Dating und Speed-Coaching, offenbar auch Speed-Entspannung und Speed-Fitness. Fitness und Wellness werden auf diese Art zweckorientierter Teil von Leistungssteigerung und Optimierung. Schnell wieder in das Hamsterrad einsteigen zu können, anstatt die entspannende und wohltuende Wirkung zu genießen, das ist aber ein falsches Ziel.

Bringt der teure Kurzurlaub mal eben zwischendurch im komfortablen Wellness-Hotel, wo wir natürlich per Handy erreichbar bleiben, tatsächlich Erholung? Ist die kleine Pause auf dem Balkon oder im Garten bei einer Tasse Espresso und mit guten Gedanken nicht vielleicht wirkungsvoller? Ist es nicht viel einfacher und besser, wenn wir lernen, uns hin und wieder selber auszuhalten, ganz ohne Entertainment- und Wellness-Programm und auch ohne Arbeit?

Nicht allein die vielen kleinen Entspannungsmomente und Pausen im Alltag sind wichtig. Auch ein längerer Erholungsurlaub bedeutet wohltuenden Abstand vom Arbeitsalltag. Gerade im Urlaub kann man von allem Geschäftlichen abschalten, um tatsächlich neue Energie zu gewinnen. Arbeit gehört deshalb definitiv nicht in diese Zeit. Nutzen Sie stattdessen Ihre Urlaubstage, um zum Beispiel ganz neue und hoffentlich schöne Eindrücke zu sammeln und neue Erfahrungen zu machen. Unser Gehirn freut sich darüber. Eine Fremdsprache zu lernen, die wir vielleicht im Urlaub praktisch anwenden können, wäre zum Beispiel eine gute Möglichkeit, schon vorab zu Hause neue Denkpfade zu beschreiten. Gleichzeitig steigern wir damit die Vorfreude auf den Urlaub. Das wiederum beflügelt unser hirneigenes Belohnungssystem. Es schüttet vermehrt den Botenstoff Dopamin aus. Dopamin macht uns aktiv und energiegeladen, also leistungsfähig. Es steigert unser Wohlbefinden und wir fühlen uns gut. Auch so können wir die alltäglichen Routinen durchbrechen.

Indem wir andauernd viel zu lange arbeiten, beschäftigen wir uns viel zu sehr mit immer gleichen und längst bekannten Themen und Fragestellungen. Wir machen viel zu viel von dem, was wir schon gut können. Wenn wir aber nichts Neues mehr erfahren, verkümmert unser Denkvermögen. Darunter leidet letztlich auch unsere Fähigkeit, kreativ und effizient zu arbeiten. Schützen Sie sich vor geistiger Unterforderung durch Überarbeitung. Vielleicht können Sie ja sogar einmal eine mehrmonatige Sabbatical-

Zeit hierfür in Betracht ziehen. In einigen Firmen gibt es bereits solche Angebote. Über eine längere Zeit wird Mehrarbeitszeit angespart, um sie dann in eine bis zu einem Jahr lange Auszeit zu investieren. Erkundigen Sie sich, ob Ihr Arbeitgeber derartige Möglichkeiten bereithält und wie die konkreten Konditionen aussehen.

Ein Marathonläufer braucht regelmäßig langsame Regenerationsläufe. Der Akku des Handys muss immer wieder aufgeladen werden. In der Natur bestimmen wechselnde Zeiten von Aktivität und Wachstum und von Stillstand und Rückzug rhythmisch wiederkehrende Zeitabläufe. Auch wir Menschen brauchen Zeiten, um zu regenerieren, ebenso wie aktive und herausfordernde Zeiten. Kein Mensch wird auf Dauer leistungsfähig, zufrieden und gesund bleiben, wenn er andauernd seine Leistungsgrenzen überschreitet und auf Lebensgenuss außerhalb des Arbeitsalltags verzichtet. Niemand kann andauernd Höchstleistung erbringen. Schließlich fahren wir unser Auto auch nicht ständig mit Vollgas. Gönnen Sie sich ein gelungenes Wechselspiel der Zeiten. Setzen Sie Ihrer Arbeit regelmäßig ein Ende.

Tipps für gelingende Auszeiten

- ■ Beginnen Sie den Tag mit einem kleinen Morgenritual. Stellen Sie Ihren Wecker dafür 10 Minuten früher. Öffnen Sie zum Beispiel das Fenster und lauschen Sie den Geräuschen der Natur, machen Sie erfrischende Atemübungen und recken und strecken Sie sich ausgiebig in alle Richtungen. Erst danach beginnen Sie mit den üblichen Morgenaktivitäten.

- Lernen Sie »Nein« zu sagen. Lehnen Sie Termine auch einmal ab, zum Beispiel Telefonkonferenzen und Telefonate schon sehr früh am Morgen. Lehnen Sie solche Termine erst recht spätabends oder sogar nachts ab.
- Machen Sie immer wieder kurze Pausen, wenn Sie eine Aufgabe abgeschlossen haben.
- Unser Gehirn kann maximal etwa 90 Minuten am Stück die Konzentration aufrechterhalten. Danach braucht es eine kurze Erholung. Machen Sie deshalb etwa alle 90 Minuten eine kurze Pause. Ruhen Sie sich aus, machen Sie ein paar Entspannungsübungen, einen kleinen Spaziergang, öffnen Sie das Fenster und atmen Sie ein paar Mal tief ein und wieder aus, oder ziehen Sie sich zurück und hängen Ihren Gedanken nach.
- Planen Sie jeden Tag mindestens eine halbe Stunde persönlicher Auszeit ein. Genießen Sie diese Zeit bei einer Tasse Tee oder Kaffee, hören Sie Musik, setzen Sie sich auf Ihren Balkon oder Ihre Terrasse und lauschen Sie den Geräuschen der Natur oder machen Sie sonst etwas, dass Sie gerne tun.
- Ziehen Sie sich bewusst um, wenn Sie Feierabend machen. Duschen Sie vorher und waschen Sie sich dabei allen Ärger symbolisch ab.
- Reden Sie sich das am Tag Erlebte von der Seele. Setzen Sie sich aber ein Zeitlimit von höchstens 30 Minuten. Danach sind alle Arbeitsthemen tabu.
- Planen Sie Termine für persönlich wichtige Dinge fest in Ihren Terminkalender ein. So geben Sie diesen Belangen die angemessene Wichtigkeit.
- Halten Sie sich wenigstens einen Abend in der Woche frei, um spontan und ungeplant etwas Schönes zu unternehmen oder einfach zu entspannen.

▪ Bestimmen Sie auch am Wochenende einen Tag, an dem Sie völlig frei sind, auch frei von Terminen mit guten Freunden, und entscheiden Sie spontan, was Sie gerne machen möchten.

▪ Betreiben Sie ein Hobby, engagieren Sie sich ehrenamtlich oder treffen Sie sich regelmäßig mit Freunden. Sie verringern dadurch die Zeit, die für Arbeit zur Verfügung steht.

▪ Vermeiden Sie regelmäßig wiederkehrende Pflichttermine, insbesondere wenn Sie das Gefühl haben, dass Ihnen diese Termine unnötig Energie rauben.

▪ Machen Sie mindestens einmal im Jahr wenigstens zwei Wochen am Stück Urlaub. Nehmen Sie keine Arbeit mit in den Urlaub. Übergeben Sie Ihre noch nicht abgeschlossenen Projekte vorher so an Ihre Vertretung, dass es keine Rückfragen gibt. Sprechen Sie mit Ihren Kollegen vor Urlaubsantritt und machen Sie ihnen deutlich, dass Sie in Ihrem Urlaub für berufliche Dinge nicht erreichbar sind.

▪ Viele Menschen brauchen einige Tage, um ihre Arbeit loslassen zu können. Planen Sie deshalb einige freie Tage zu Hause ein, bevor Sie Ihre Urlaubsreise antreten. Planen Sie ebenso wenigstens einen Tag, besser zwei oder drei Tage nach der Rückkehr von einer Reise ein. Sie können sich dadurch langsam wieder an das veränderte Klima und den Alltag gewöhnen.

▪ Planen Sie jeden Tag den Zeitpunkt, wann Sie Feierabend machen – natürlich früh genug, um noch ausreichend persönliche Freizeit zu haben. Begrenzen Sie Ihre Arbeitszeit ganz bewusst und nehmen Sie sich etwas vor. Es gelingt dann leichter, aufzuhören zu arbeiten. Erinnern Sie sich immer wieder daran, für wie viele Stunden Arbeit Sie sich vertraglich verpflichtet haben.

■ Lässt es sich nicht vermeiden, immer wieder auch einmal bis in den späten Abend zu arbeiten, dann planen Sie konkret und fest terminiert dafür einen freien Nachmittag oder Vormittag als Ausgleich ein. Versuchen Sie maximal an einem Abend pro Woche überlang zu arbeiten. Realisieren Sie noch in derselben Woche den Ausgleich dafür.

■ Trennen Sie Arbeit und Privates klar voneinander ab. Konzentrieren Sie sich bei Ihrer Arbeit ausschließlich auf zugehörige Themen. Verbannen Sie alle arbeitsrelevanten Themen aus Ihrer privat genutzten Zeit.

■ Überlegen Sie, ob Sie möglicherweise auch einmal eine mehrmonatige Sabbatical-Auszeit nehmen können und wollen.

■ Das Leben besteht nicht nur aus Arbeit. Auch unser Privatleben gehört dazu. Vergessen Sie das nicht.

Informationsstress und Medienterror
Weniger ist meistens mehr

»*Das Wissen hat seinen Ort zwischen zwei
Ohren und nicht zwischen zwei Modems.*«
Fredmund Malik

Irrwege im Labyrinth
der Informationen

In rasantem Tempo haben sich moderne Informations-
und Kommunikationsmedien verbreitet. Netbook, Smartphone oder Blackberry, Tablet-PC und iPod sind nicht
mehr aus unserem Leben wegzudenken. Mit ihnen erledigen wir tagtäglich unsere Arbeit und gestalten unser Privatleben. Über Social Networks pflegen wir Kontakte und
Freundschaften. Gesuchte Informationen finden wir dank
Google und Wikipedia schnell im Internet. Wichtige Daten aktualisieren, korrigieren und speichern wir papierfrei
auf dem Computer. Zur räumlichen Orientierung nutzen
wir Navigationssysteme. Die ganze Welt lässt sich bis in
den letzten Winkel via Google Earth erkunden. Nichts
bleibt uns verborgen, keine Frage bleibt unbeantwortet.
Auf alles und jeden können wir die Welt aufmerksam ma-

chen. Gleichzeitig sind wir selber im Mittelpunkt der Aufmerksamkeit. Wir unterhalten und amüsieren uns online. Wir hören, verwalten und teilen Musik, Filme und Videos per Smartphone und Computer. Was wir gerade erleben, halten wir mit der Handy-Kamera fest, verschicken es an Freunde und lassen sie unmittelbar an unserem Leben teilhaben. Wir klicken, chatten, bloggen, googeln und mailen nahezu rund um die Uhr. Internet, E-Mail-Programme, Chat-Tools und Blogs sind die Basis für den größten Teil unserer täglichen Kommunikation, egal, ob privat oder beruflich. Kaum jemand kann sich noch vorstellen, wie es ohne Internet und moderne Kommunikationsmedien war. Auf die zahlreichen Vorteile, Erleichterungen und auf die Erweiterung unserer Möglichkeiten, die sie uns bieten, wollen wir nicht mehr verzichten. Es ist gut, dass sich durch die Medien unser Horizont erweitert hat und wir Spaß an deren Nutzung haben.

Es gibt aber auch Schattenseiten – insbesondere in der Arbeitswelt – die wir nicht übersehen sollten. Da jagt eine Video-Konferenz die nächste. Schlecht vorbereitete Telefonkonferenzen zu beinahe jeder Tageszeit und exzessive Kommunikation per E-Mail, SMS und Instant Messages sind ganz normaler Teil des täglichen Berufsalltags. Andauernd werden wir in unserem Tun unterbrochen und abgelenkt. Es fällt schwer, inmitten einer Fülle äußerer Reize einen klaren Gedanken zu fassen. Hier kommt eine neue SMS, da blinkt eine neue Chat-Nachricht, gleichzeitig klingelt das Telefon, die 100. E-Mail erreicht uns, ein Kollege platzt einfach dazwischen und unser Kalender erinnert uns an das nächste Meeting. Studien zeigen, dass wir uns durchschnittlich elf Minuten am Stück auf eine Aufgabe konzentrieren können, bevor wir durch eine

E-Mail, eine Chat-Nachricht oder einen Kollegen gestört werden.[1]

Kaum, dass wir den Eingang einer neuen Nachricht bemerken, unterbrechen wir umgehend das, was wir gerade tun – fast so, als ob es um einen Notfall ginge. Es kostet Zeit, danach wieder zur vorherigen Aufgabe zurückzukehren. Manchmal sogar viel Zeit, denn schon lenkt uns die nächste Unterbrechung ab. Die Untersuchung einer amerikanischen Unternehmensberatung belegt, dass fast ein Drittel der täglichen Arbeitszeit in den USA dadurch verloren geht. Das sind 28 Milliarden verlorene Stunden pro Jahr.[2] Insgesamt vertun wir auf diese Weise jedes Jahr sinnlos und unproduktiv einige Wochen unserer Lebenszeit.

Extreme Auswüchse zeigen sich am Ende eines Urlaubs. Da kann es passieren, dass sich im Postfach Hunderte E-Mails angesammelt haben. Manchmal dauert es mehrere Tage, bis wir sie bearbeitet haben. Durch große Verteilerlisten wird jeder in nahezu jedes Thema involviert, ganz egal, ob es tatsächlich wichtig für ihn ist oder nicht. Antworten an alle lassen ein endloses und völlig unsinniges E-Mail-Pingpong entstehen. Zu viele und zum Teil für uns bedeutungslose Nachrichten stören uns bei unseren eigentlich wichtigen Aufgaben. Das Mailen unterbricht nicht mehr die Arbeit, sondern die Arbeit unterbricht das Mailen. Professioneller Umgang mit der Informationsflut sieht anders aus.

Danah Boyd, eine Soziologin, die für Microsoft arbeitet und die Auswirkungen digitaler Kommunikation untersucht, gönnt sich regelmäßig E-Mail-Auszeiten, um von der Datenflut zu entspannen. Per Abwesenheitsmeldung teilt sie mit, dass alle in dieser Zeit in ihrem Postfach ein-

gehenden E-Mails unwiderruflich gelöscht werden und sie
nie darauf antworten wird. Sie verweist jeden, der ein
dringendes Anliegen hat, darauf, sich nach ihrer Auszeit
wieder mit ihr in Verbindung zu setzen.[3] Zugegeben, das
ist eine sehr radikale und vielleicht nicht überall realisierbare Methode. Vielleicht gibt es aber trotzdem auch in
unserem Arbeitsalltag Situationen, in denen wir es ihr
nachmachen können, beispielsweise um das E-Mail-Bom-
bardement während der Urlaubszeit einzudämmen? Wirklich wichtige Dinge müssen in dieser Zeit ohnehin von
anderen erledigt werden. Alle nicht so wichtigen Dinge
vertragen Aufschub, bis wir wieder da sind. Was spricht
dagegen, es einmal während einer nur kurzen Abwesen-
heitsphase auszuprobieren? Möglicherweise finden Sie ja
sogar Nachahmer.

Häufig benutzen wir mehrere elektronische Geräte
gleichzeitig. Während eines Telefonats lesen oder beantworten wir eine E-Mail, ganz egal, ob es der Gesprächs-
partner merkt und sich vielleicht deshalb nicht ausreichend beachtet fühlt. Während eines Meetings arbeiten
wir auf dem Laptop oder dem Smartphone, obwohl wir
dadurch vielleicht wichtige Inhalte verpassen und obendrein in unhöflicher Art den Referenten ignorieren. Telefonkonferenzen sind die ideale Plattform für andere Online-Aktivitäten nebenbei. Schließlich bemerkt es keiner,
da uns niemand dabei sehen kann. Effizient sind sie nur
selten. Selbst außerhalb unserer Arbeitszeit und fernab
von unserem Arbeitsplatz lassen wir die Finger fast nie
von unserem Smartphone, selbst wenn wir gerade in einer
Unterhaltung sind.

Warum wir etwas anders machen sollten

Vor lauter Aktivitäten riskieren wir, Schaden zu nehmen. Immer mehr Menschen zeigen ähnliche Symptome, wie sie bei einer Erkrankung an der sogenannten Aufmerksamkeits-Defizit-Hyperaktivitätsstörung (ADHS) auftreten. Der amerikanische Psychiater Edward M. Hallowell, der seit vielen Jahren therapeutisch mit diesen Patienten arbeitet, stellt das zunehmend bei Erwachsenen ohne eine klar diagnostizierte ADHS-Erkrankung fest. Betroffene sind ruhelos, ungeduldig, leicht erregbar und schnell zornig. Sie sprechen schnell und hastig und sind unfähig, Themen für eine längere Zeit im Fokus zu behalten. Immer wieder durchkreuzen neue Gedanken ihre Aufmerksamkeit. Sie sind eigentlich voller Energie, können aber ihre Konzentration manchmal nur für wenige Sekunden aufrechterhalten. Einerseits sind sie reich an Ideen, können aber andererseits kaum Entscheidungen treffen und durchsetzen. Wenn, dann treffen sie ihre Entscheidungen eher impulsiv als wohlüberlegt. Erreichtes stellt diese Personen nur selten zufrieden. Andauernd beschäftigt, dabei aber selten produktiv, so ist ihre Arbeitsweise. Das alles seien typische Eigenschaften auch vieler Menschen im Beruf, so Hallowell. Seiner Meinung nach sind Reizüberflutung und Multitasking verantwortlich für derart krankhafte Veränderungen. Er beschreibt die Schwierigkeiten und Folgen von Multitasking beispielhaft anhand eines Tennisspiels mit zwei Bällen gleichzeitig. Die Spieler müssen beide Bälle beobachten, hinter beiden herlaufen, ihren Gegner beobachten, wie er beide Bälle im Spiel hält und auf seine Aktionen schnell und richtig reagieren. Solch ein

Multitasking-Spiel kann gelingen, jedoch werden es die Spieler niemals schaffen, das Spiel in gleicher Qualität zu spielen wie mit nur einem Ball.

In ganz ähnlicher Weise führt jeder Versuch, mehrere Aufgaben gleichzeitig zu erledigen, dazu, dass keine der Aufgaben wirklich effizient erfüllt wird. Ermattung, Konzentrationsschwäche, Frustrationen, vermehrter Zeitaufwand und letztlich Leistungsabfall verbunden mit einer größeren Fehlerhäufigkeit sind der Preis.[4]

Stellen Sie Parallelen zu Ihrem Leben fest? Überprüfen Sie regelmäßig Ihre persönliche Belastungssituation.

Überprüfung der eigenen Belastungssituation

Treffen mehrere der folgenden Aussagen auf Sie zu, dann ist es ratsam, die eigenen Verhaltensweisen zu überdenken. Wenn das, was Sie machen, Ihnen schadet, ist es an der Zeit, etwas an Ihrem Verhalten zu verändern.

- Ich fühle mich ständig angespannt und unter Zeitdruck.
- Ich versuche oft, mehrere Dinge gleichzeitig zu machen.
- Ich finde kein Ende, wenn ich im Internet surfe.
- Das, was ich mir für den Tag vornehme, schaffe ich fast nie.
- Ich bin nervös und gereizt und reagiere schnell aufgebracht.
- Ich habe das Gefühl, immer noch etwas erledigen zu müssen.

- Ich bin immer erreichbar, auch in der Freizeit und im Urlaub.
- Ich verbringe auch einen Großteil meiner Freizeit online.
- Ich habe wenig Zeit für Freundschaften.
- Ich kann nicht mehr genussvoll entspannen.

Ergänzen Sie die obigen Beispiele, wenn Sie weitere Besonderheiten an Ihrem Verhalten bemerken. Schauen Sie genau hin, wo Sie Auffälligkeiten entdecken. Überlegen Sie, was Sie konkret anders machen können. Fangen Sie mit kleinen Änderungen an. Setzen Sie sich beispielsweise zeitliche Limits. Halten Sie es aus, für kurze Zeit einmal nicht erreichbar zu sein. Bringen Sie eine Aufgabe zu Ende, bevor Sie die nächste Aufgabe anfangen.

Die Hirnforschung weiß schon lange, dass Multitasking eine Illusion ist, ganz gleich, ob für Männer oder für Frauen. Wir können nicht mehrere Aufgaben gleichzeitig erledigen. Wenn wir glauben, es zu tun, wechseln wir tatsächlich nur zwischen mehreren Aufgaben hin und her. Nach jedem Wechsel, nach jeder Unterbrechung und nach jeder Störung brauchen wir einige Minuten, um uns wieder so zu konzentrieren wie zuvor. Wer mehrere Dinge gleichzeitig erledigen will, macht Fehler und braucht mehr Zeit, als wenn er eines nach dem anderen tut. Das ist inzwischen kein Geheimnis mehr.

Dennoch versuchen immer mehr Menschen, andauernd geschäftig mehrere Dinge parallel zu tun, und glauben, da-

durch Kontrolle im Dschungel der Anforderungen und
Reize zu gewinnen. Genau diese Kontrolle verlieren sie
dabei aber völlig. »Den ganzen Tag strampele ich mich ab
und am Ende habe ich eigentlich nichts wirklich geschafft.« »Immer habe ich das Gefühl, noch etwas tun zu
müssen.« »Ich kann mich nur noch schlecht konzentrieren
und vergesse andauernd etwas.« »Ich kann überhaupt
nicht mehr abschalten.« So und ähnlich lauten Aussagen,
wie ich sie von Klienten immer wieder höre.

Wenn etwas wirklich wichtig ist und wir es tun wollen
oder tun müssen, dann sind Multitasking und ununterbro-
chene Mediennutzung der falsche Weg. Doch viele Arbeitgeber erwarten es von ihren Mitarbeitern. »Wenn Sie bei
uns etwas werden wollen, müssen Sie belastbar sein und
vieles gleichzeitig bewältigen können.« Mit diesen oder
ähnlichen Worten werden Stellenbewerber konfrontiert.
Wer viele Aufgaben scheinbar gleichzeitig in immer
schnellerem Tempo erledigen kann, gilt als engagiert und
leistungsstark. Immer mehr und immer schneller heißt die
Devise. Grenzen des Möglichen werden dabei ignoriert.
Die Aufgaben und Informationen nehmen zu. Die zur
Verfügung stehende Zeit bleibt aber gleich. Es wird
zwangsläufig schwieriger, die gestellten Anforderungen
gut zu bewältigen. Wer das im Berufsalltag nicht in der
vereinbarten Arbeitszeit schafft, arbeitet dann eben den
ganzen Tag, egal, wo er gerade ist. Auch das machen die
Medien möglich. Und alle gewöhnen sich daran. Schließlich strampelt jeder in demselben Hamsterrad. Spätestens
jetzt ist es Zeit, die Reißleine zu ziehen.

Es lohnt sich, sich gelegentlich mit etwas Abstand Gedanken über mögliche Auswege aus dem Hamsterrad zu

machen. Denken Sie beispielsweise über einige Fragen in aller Ruhe nach und suchen Sie nach ehrlichen Antworten.

Gedanken zum Umgang mit den Medien

- Was *soll* ich machen, was *kann* ich machen, was *will* ich machen?
- Was kann unerledigt bleiben, ohne dass es Folgen hat?
- Wann und wobei helfen mir Computer und Smartphone, wann und wobei stören sie mich?
- Wie kann ich meine Online-Zeit begrenzen?
- Was passiert im schlimmsten Fall, wenn ich Handy und Computer ausschalte und nicht erreichbar bin?
- Wie fühle ich mich bei dem Gedanken, in der Freizeit für alles Berufliche nicht erreichbar zu sein?
- Was muss ich tun, um schlechte Leistung zu erbringen?
- Wie kann ich meine Projekte »vor die Wand fahren«?

Zugegeben, die letzten beiden Fragen sind ungewöhnlich, können aber hilfreich sein, wenn wir unser Verhalten überprüfen.

Dadurch, wie wir moderne Medien nutzen, verändert sich unser Gehirn. Erkenntnisse der Hirnforschung zeigen, dass die zunehmende Technisierung intellektuelle Fähigkeiten durchaus verstärken kann. So verfügen intensive

Nutzer der Medien über größere nichtsprachliche Fähigkeiten und haben eine ausgeprägtere räumliche und
visuelle Intelligenz. Insbesondere diejenigen, die gerne
komplexe Computerspiele spielen, können Informationen
schneller verarbeiten und sind in der Lage, sich auf mehrere Aufgaben zu konzentrieren. Andere Forschungser-
gebnisse zeigen, dass Menschen, die häufig im Internet
nach Informationen suchen, besser in der Lage sind, kurzfristig zu planen und Entscheidungen zu treffen. Sie können Informationen leichter miteinander verknüpfen als
Personen, die bisher selten oder gar nicht im Internet nach
Daten suchen. Dies zeigt, dass eine umfangreiche Kommunikation per E-Mail, Chat und SMS, die visuelle Aufmerksamkeit stärkt.

Die mit exzessiver Mediennutzung verbundenen Nachteile dürfen aber nicht übersehen werden. Menschen, die
pausenlos elektronische Medien nutzen, können weniger
ausdauernd und konzentriert bei einer Sache bleiben.
Durch Online-Recherchen wird ihre Lesefähigkeit beeinträchtigt. Wer häufig im Internet Texte liest, verlernt es,
längere Texte konzentriert zu erfassen und den Inhalt zu
verstehen. Vielen Menschen fällt es deshalb häufig schwer,
sich in ein Buch zu vertiefen und es von Anfang bis Ende
durchzulesen. Die zahlreichen Hyperlinks in Online-Tex-
ten verleiten zum Hin- und Herspringen zwischen unterschiedlichen Seiten und Dokumenten. Wenn wir geistig
hin- und herzappen, unterbrechen wir andauernd unseren
Gedankenfluss. Wir sichten extrem viele Informationen,
scannen sie aber nur oberflächig. Wir tasten sie quasi nur
ab, ohne sie tatsächlich aufzunehmen und in unserem neuronalen Netzwerk zu verankern. Ein tiefes Verständnis für
den Inhalt baut sich dabei nicht auf.

In der Online-Umgebung denken wir hastig und zer-
streut und lernen nur flüchtig. Denn bewegte und reizintensive multimediale Darstellungen bleiben uns nicht
gut in Erinnerung. Wenn wir Informationen mit hoher
Konzentration und ohne äußere Reizablenkungen aufnehmen, können wir sie besser behalten.

Führende Wissenschaftler befürchten deshalb, dass komplexe kognitive Fähigkeiten beeinträchtigt werden, wenn
wir uns zu exzessiv in der medialen Welt bewegen.[5]

Damit nicht genug. Nach neuesten Erkenntnissen riskieren Menschen, die exzessiv elektronische Medien nutzen,
deutliche Einbußen ihrer Intelligenz. In einem ungewöhnlichen Experiment wurden den Teilnehmern verschiedene
IQ-Testaufgaben gestellt. Eine Gruppe durfte während der
Bearbeitung E-Mails checken und ihr Mobiltelefon nutzen. Die andere Gruppe durfte keine elektronischen Medien nutzen, dafür aber Marihuana rauchen. Die Mari-
huana-Gruppe schnitt bei den Testergebnissen deutlich
besser ab als die Gruppe, die Computer und Mobiltelefon
benutzen durfte. Deren Testwerte sanken um 10 Prozent
und damit doppelt so stark wie die der Marihuana-Rau-
cher. Bevor ich in den Ruf komme, Drogen zu verherr-
lichen, erwähne ich besser, dass es auch eine dritte Gruppe
gab. Sie durfte weder Computer oder Handy nutzen noch
Marihuana rauchen. Selbstverständlich hatte diese Gruppe
die besten Testergebnisse.[6]

Es ist problematisch, wenn die oberflächliche Art zu Denken zur vorherrschenden Denkweise wird. Wer andauernd durch E-Mails, Chats Terminhinweise und andere
Informationen gestört wird, versteht weniger als der, der
sich ohne Ablenkungen und Unterbrechungen auf eine

Sache konzentrieren kann. Es ist nützlich für einen klaren Kopf, wenn wir uns ab und zu daran erinnern, dass alle unsere medialen Begleiter auch einen Ausschaltknopf haben. Es ist durchaus empfehlenswert, gelegentlich wieder einmal ein Buch zu lesen, ganz abgesehen davon, dass es ein großes Vergnügen bereiten kann. Natürlich kann man auch beim Lesen eines Buches mit den Gedanken abschweifen, so wie es auch oft geschieht, wenn wir am Computer arbeiten. Lesen unterscheidet sich dennoch deutlich von der überwiegend vernetzten, oberflächlichen und zerstreuten Art zu denken, wenn wir online sind. Auch andere hoch konzentrierte und lustvolle Beschäftigungen fernab der Medien eignen sich, um geistiger Oberflächlichkeit entgegenzuwirken. Das kann ein intensives Hobby sein. Ich schöpfe beispielsweise viel geistige Energie aus meinem Hobby, der Malerei. Wenn ich vor der Staffelei stehe, vergesse ich die Welt um mich herum und bin mit voller Konzentration bei der Sache. Davon profitiere ich auch in meiner Arbeit.

Geistig flexibel und leistungsstark sind wir erst dann, wenn wir uns die Art und Weise, langsam, konzentriert und tiefgründig zu denken, erhalten und gleichzeitig durch die Nutzung der Medien auch unsere geistige Schnelligkeit und Flexibilität schulen. Der Nutzer hat es in der Hand, welchen Raum er jeweils den unterschiedlichen Formen der geistigen Beschäftigung lässt. Erst eine ausgeglichene Balance zwischen verschiedenen Denkstilen trägt dazu bei, dass die Technologisierung unserer Lebenswelt tatsächlich Zugewinn und Bereicherung sein kann.

Ganz besonders wird unser Kurzzeitgedächtnis durch ständige Störungen überlastet. Es hat eine sehr begrenzte Kapazität und kann nur etwa sieben Informationen gleichzeitig halten. Deshalb ist es extrem störanfällig. Das Kurzzeitgedächtnis ist die Management-Zentrale für unsere Informationsverarbeitung. Alles, was wir bewusst denken und tun, wird hier bearbeitet. Es steuert unsere Aufmerksamkeit. Wenn es durch Ablenkungen, Störungen und Informationen überlastet ist, gehen wichtige Inhalte verloren. Als Vergleich kann man sich ein volles Wasserglas vorstellen. Es läuft über, wenn wir weiteres Wasser einfüllen. »Altes« Wasser macht Platz für das neue Wasser und ist unwiederbringlich vergossen. Ähnliches passiert, wenn wir ständig durch Computer und Handys abgelenkt werden. Zahlreiche konkurrierende Botschaften im Internet überfluten das Kurzzeitgedächtnis und vermindern die Fähigkeit zu konzentrierter Aufmerksamkeit. Viele Informationen durchlaufen dann unseren Kurzspeicher, ohne jemals in unserem Gedächtnis fest verankert zu werden. Unser Denken wird zusammenhanglos und flach und unsere Erinnerungsfähigkeit leidet. Wir können uns nicht mehr konzentrieren und vergessen immer häufiger etwas. Das ist fatal, ganz gleich, welche Art von Job wir haben. Es gibt aber Hoffnung. Das Kurzzeitgedächtnis lässt sich mit entsprechenden Übungen gezielt trainieren und in engen Grenzen verbessern. Wir werden dadurch aufmerksamer, können konzentrierter arbeiten und werden unempfindlicher gegenüber Ablenkungen. Dennoch werden wir es aber immer noch nicht schaffen, mehrere Dinge gleichzeitig zu erledigen.

Hier eine kleine Auswahl möglicher Übungen zur Stärkung der Kapazität des Kurzzeitgedächtnisses.

Training des Kurzzeitgedächtnisses

▪ Bauen Sie regelmäßig kleine Merkübungen in ihren Alltag ein. Erinnern Sie sich beispielsweise mit
etwas Zeitabstand an möglichst viele Details eines
gelesenen Textes oder eines gesehenen Films.

▪ Lassen Sie am Abend den Tag Revue passieren.
Erinnern Sie sich möglichst detailliert auch an
viele Kleinigkeiten. Gelingt das gut, versuchen Sie
sich an den Tag davor oder an weiter zurücklie-
gende Tage zu erinnern.

▪ Suchen Sie sich einen längeren Satz aus einem
Text, merken Sie sich diesen Satz und sortieren Sie
ihn im Geist so um, dass ein Nonsenssatz entsteht, in dem die Wörter alphabetisch nach ihren
Anfangsbuchstaben sortiert sind. Beispiel: aus
»Heute wird es überall sonnig werden« wird »Es
heute sonnig überall werden wird«.

▪ Sie können diesen Satz auch aus der Erinnerung
so aufschreiben, dass alle Wörter rückwärts ge-
schrieben sind:
»etueH driw se llarebü ginnos nedrew.«

▪ Sehen Sie sich die ersten fünf bis zehn Zeilen eines
Textes an und prägen Sie sich die jeweils ersten
Wörter jeder Zeile ein. Machen Sie zwischendurch etwas anderes und erinnern Sie sich dann in
der richtigen Reihenfolge an diese Wörter.

▪ Sagen Sie das Alphabet rückwärts auf und finden
Sie gleichzeitig zu jedem Buchstaben einen oder
mehrere Begriffe zu einem vorher frei gewählten

Fachthema. Das vergrößert Ihren aktiven Wortschatz. Sie werden in Diskussionen flüssiger und fundierter argumentieren können. Gleichzeitig stärken Sie Ihre Konzentration.

- Spielen Sie Schach. Das strategische Planen mehrerer Spielzüge im Voraus ist das wohl perfekteste Training unseres Kurzzeitgedächtnisses.
- Wenn Sie gerne tanzen, lernen Sie komplexe Choreografien. Das macht Spaß und Ihre Denkzentrale wird gleichzeitig so richtig in Schwung gebracht.

Abschalten, Ausschalten, Loslassen

Wie können wir uns der ständigen Pflicht zur Kommunikation entziehen, aber dennoch vernetzt sein? Wie können Informationskanäle bewusst geöffnet und auch geschlossen werden? Wie können die Flut aus Spams, Cc-Mails und ellenlangen Betreffzeilen eingedämmt werden? Darüber denken immer mehr Unternehmen nach und versuchen, sinnvolle Informations- und Kommunikationsstrategien zu etablieren. Die Verantwortung für eine gute Kommunikations- und Informationskultur liegt letztlich aber wesentlich bei jedem Einzelnen selbst. Jeder von uns muss und kann sich vor Reizüberflutung schützen. Wir sollten abwägen, welche Informationen wir wirklich brauchen und mit wem wir wann kommunizieren wollen. Nicht Facebook, Twitter, Google, E-Mail, Online-Spiele, Chat und Blogs sind unser Problem, sondern wir selber.

Wir reagieren unmittelbar und sofort auf jedes Piepen, Vibrieren und Blinken und senden permanent Signale aus. Ohne die ständigen Begleiter Notebook und Smartphone geht es scheinbar nicht mehr. Dennoch gibt es kaum jemanden, der nicht über ständige Ablenkung klagt. Dabei zwingt uns niemand, Computer und Smartphone pausenlos zu beachten. Indem wir sie auch einmal abschalten, praktizieren wir effektives Ablenkungs-Management! Wir haben das Recht dazu. Niemand muss immer erreichbar sein und auf alle Anfragen nach Information, Kommunikation und Reaktion eingehen. Auf bohrende Fragen, warum wir nicht erreichbar waren, können wir ganz einfach antworten: »Weil ich nicht erreichbar sein wollte.« Fast nichts ist so wichtig, dass wir es sofort lesen, hören oder sehen müssen. Kein Arbeitgeber kündigt uns, kein Kollege kollabiert und kein Kunde löst die Geschäftsbeziehung auf, nur weil wir auch einmal nicht erreichbar sind. Wir können durchaus selber bestimmen, wann wir E-Mails lesen und SMS beantworten. Wir haben das Recht, Zeiten der Erreichbarkeit und auch Zeiten der Unerreichbarkeit klar zu definieren und einzuhalten. Es steht uns zu, uns dem täglichen Informationsbombardement zu entziehen. Natürlich müssen wir die Grenzen des Möglichen beachten, aber innerhalb dieser Spielräume können wir uns durchaus verweigern.

Schalten Sie beispielsweise die automatischen Benachrichtigungen über den Eingang neuer Nachrichten aus. Sie stören bei der Denkarbeit und verleiten dazu, sofort neue E-Mails, Chat-Nachrichten oder andere Informationen zu lesen. Es ist empfehlenswert, private und berufliche Telefonnummern, E-Mail-Adressen und Zugangsdaten zu trennen. Dadurch können wir in der Freizeit für Freunde und Familie erreichbar sein, ohne von beruflichen Anfragen belästigt zu werden.

Indem wir aufhören, immer und sofort auf alles und jeden zu reagieren, indem wir auch einmal innehalten, gewinnen wir die Kontrolle über unser Leben zurück. Letztlich arbeiten wir dadurch effektiver und produktiver und fühlen uns wohler. Jeder kann sich ein Stück weit dem allgemeinen Kommunikationskult entziehen, ohne auf die Vorzüge moderner Vernetzung verzichten zu müssen.

Meditationsübungen eignen sich ganz besonders, um zu entspannen und Abstand von den vielen inneren und äußeren Reizen zu bekommen. Wissenschaftler wiesen nach, dass sich bei regelmäßiger Praxis nicht nur die Aktivität, sondern auch die Struktur des Gehirns verändert. Die Areale im Gehirn, die für die Aufmerksamkeit zuständig sind, vergrößern und verdichten sich.[7] In Meditation geübte Menschen sind weniger ablenkbar und können sich konzentrierter einer einzigen Sache widmen.

Die Konzentration auf den Atem ist eine wirksame Unterbrechung im Fall starker Belastung und bringt schnell Entspannung. Leider haben die meisten Erwachsenen eine tiefe und erfrischende Art zu atmen verlernt. Sie atmen flach und nur in den Brustraum. Versuchen Sie einmal, bis tief in den Bauch zu atmen. Legen Sie dazu eine Hand auf den Bauch und atmen Sie so, dass er sich beim Einatmen hebt und beim Ausatmen senkt. Machen Sie diese Übung über den Tag verteilt zwischendurch immer wieder ganz bewusst.

Die hier anschließende einfache Atemmeditation kann Ihnen helfen, innere Ruhe zu finden und gelassen auf die Vielzahl innerer und äußerer Reize zu reagieren.

Atemmeditation

Setzen Sie sich in einer aufrechten und gleichzeitig
entspannten Sitzhaltung bequem auf einen Stuhl.
Wenn Sie mögen, können Sie auch ein Meditations-
kissen verwenden. Spüren Sie Ihren ganzen Körper,
ganz bewusst mit allen Empfindungen, die Sie in
dieser Haltung haben. Wenn Sie mögen und es Ihnen
angenehm ist, schließen Sie jetzt die Augen. Richten
Sie nun die Aufmerksamkeit auf Ihre Atmung. Atmen Sie langsam und tief ein. Lassen Sie Ihren Atem
bis in den Bauch fließen. Gehen Sie mit Ihrer Aufmerksamkeit zu Ihrem Bauch. Spüren Sie, wie er
sich beim Einatmen hebt und ausdehnt. Legen Sie
eine Handfläche locker auf den Unterbauch und
fühlen Sie, wie sich die Bauchdecke leicht wölbt.
Halten Sie Ihren Atem für einen Moment dort fest,
bevor Sie wieder ausatmen. Dann atmen Sie so langsam wie möglich aus. Spüren Sie, wie sich Ihre
Bauchdecke dabei wieder senkt. Wiederholen Sie
diese Atemübung bewusst mehrere Male. Genießen
Sie die Frische, die jeder neue Atemzug bringt. Es
geht nicht darum, den Atemrhythmus zu kontrollieren oder zu verändern. Nehmen Sie Ihren Atem
immer wieder so wahr, wie er ist. Vielleicht stellen
Sie fest, dass Ihre Aufmerksamkeit von Zeit zu Zeit
abschweift. Es ist ganz natürlich, dass immer wieder Gedanken aufkreuzen. Bemerken Sie nur kurz,
wohin Ihre Gedanken wandern, und kehren Sie
dann ganz bewusst wieder zurück zu Ihrer Atmung.
Spüren Sie die Körperempfindungen bei jedem Ein-

atmen und bei jedem Ausatmen. Jedes Mal, wenn Sie bemerken, dass Ihre Gedanken wieder abschweifen, nehmen Sie dies kurz wahr, ohne es besonders zu beachten oder die Gedanken verändern zu wollen. Bleiben Sie 10 bis 15 Minuten in dieser Weise bei Ihrem Atem. Beenden Sie dann die Übung. Recken und strecken Sie sich. Stehen Sie wieder auf und gehen Sie einige Schritte, bevor Sie erfrischt Ihre Aufgaben wieder aufnehmen.

Machen Sie diese Übung täglich auch dann, wenn Sie keine rechte Lust dazu haben. Erst die regelmäßige Praxis unterstützt ihre positive Wirkung. Integrieren Sie diese Meditationspraxis in Ihren Alltag. Mit der Zeit werden Sie die kleine Auszeit, ohne etwas anderes zu tun, sehr genießen. Sie beruhigt Ihre Gedanken auch dann, wenn Sie sich gerade sehr überreizt fühlen. Gleichzeitig wird Ihr Gehirn mit Sauerstoff, einem seiner wichtigsten Energielieferanten, versorgt.

Tipps zum Umgang mit Reizüberflutung

- Ablenkungen kosten unnötige Zeit und sind der Grund für viele Überstunden. Halten Sie Ihre E-Mail, Chat-, Feedreader, Blog- und Social-Network-Programme nicht permanent offen. Beschränken Sie sich dafür auf bestimmte Zeiten.

- Multitasking ist ineffizient. Konzentrieren Sie sich deshalb wann immer möglich nur auf eine Aufgabe zur gleichen Zeit.

- Reduzieren Sie Ihre Datenflut auf ein vernünftiges Maß. Überprüfen Sie regelmäßig, welche Informationen Sie wirklich benötigen und welche nicht. Misten Sie aus und werfen Sie Informationsmüll weg.

- Rennen Sie nicht allen neuen und vermeintlich wichtigen Informationen nach. Setzen Sie zeitliche Limits bei der Informationssuche. Weniger ist manchmal mehr.

- Schalten Sie Benachrichtigungssignale für den Eingang neuer Nachrichten unbedingt aus. Es fällt dann leichter, sie zu ignorieren.

- Sammeln Sie E-Mails, bevor Sie sie lesen. Lesen und beantworten Sie Ihre E-Mails maximal dreimal am Tag. Manches erledigt sich von ganz alleine. Sie werden sich wundern, wie viele E-Mails ungelesen in den Papierkorb wandern können. Obendrein gewinnen Sie Zeit für andere Aufgaben.

- Nutzen Sie angebotene Seminare, um zu lernen, wie Sie Ihre E-Mail-Arbeit effizient organisieren können.

- Ganz besonders Newsletter gehören zur Kategorie der oftmals unnötigen Informationsbelästigung. Bestellen Sie sie konsequent ab, wenn Sie nach der Lektüre von mehreren Ausgaben keinen konkreten Nutzen für sich erkennen.
Überprüfen Sie auch Ihre Abonnements. Kündigen Sie Zeitschriften und Zeitungen, die Sie sowieso nie lesen.

- Lesen Sie Fachzeitschriften, Newsletter und ähnliche Informationen dann, wenn sich mehrere Ausgaben angesammelt haben, im Block. Reservieren Sie sich dafür Zeit und konzentrieren Sie sich auf die Lektüre. Das ist besser, als wenn Sie immer wieder zwischendurch etwas lesen.

- Begrenzen Sie Ihre Online-Zeit auf ein sinnvolles Maß. Pflegen Sie stattdessen häufig Ihre realen Freundschaften.

- Halten Sie Ihren Arbeitsplatz aufgeräumt. Beschränken Sie die Unterlagen auf Ihrem Schreibtisch auf das, was Sie momentan für Ihre Projekte tatsächlich benötigen. Alles andere lenkt unnötig ab.

- Schreiben Sie sich auf, wenn Sie später etwas erledigen wollen, das Sie nicht vergessen dürfen. Sie werden dann bei Ihrer augenblicklichen Aufgabe nicht ständig von Gedanken daran gestört.

- Orientieren Sie sich daran, was Sie schaffen können. Setzen Sie Ihren Aktivitäten ein Ende, wenn Sie ihr Ziel erreicht haben.

- Hören Sie auf, den Erwartungen anderer und Ihrer Umwelt immer und überall entsprechen zu wollen. Hören sie auf »everybody's darling« sein zu wollen. Gestehen Sie sich zu, nicht perfekt zu sein.

- Hören Sie auf, alles perfekt machen zu wollen. Haben Sie Mut zur Lücke. Meistens sind auch 80 Prozent zur Zielerreichung gut genug. Die restlichen 20 Prozent erfordern unnötig viel Aufwand.

- Arbeiten Sie in einiger Entfernung von Ihrem Computer, wenn Sie sich voll auf etwas konzentrieren wollen und bereits alle Informationen haben, die Sie dafür benötigen. Sie reduzieren das Risiko, sich in unnötigen weiteren Online-Recherchen zu verzetteln.

- Lassen Sie während der Arbeit die Finger von Social-Network-Aktivitäten oder anderen privat motivierten Online-Aktivitäten.

- Schalten Sie Ihren Computer und Ihr Smartphone aus, wenn Sie ungestört sein wollen. Gönnen Sie sich immer wieder Zeiten dieser Ungestörtheit, ganz besonders in Ihrer Freizeit.

- Trennen Sie private und berufliche Erreichbarkeit und Kommunikation. Nutzen Sie in Ihrer Freizeit ausschließlich private Zugänge zu Online-Diensten. Seien Sie am Wochenende und in Ihrer sonstigen Freizeit für berufliche Themen und Kollegen nicht erreichbar.

- Schließen Sie Ihre Bürotür, wenn Sie ungestört an einer wichtigen Aufgabe arbeiten wollen. Hängen Sie ein Schild »Bitte nicht stören« an die Tür. Ziehen Sie sich in einen freien Raum zurück, wenn Sie ansonsten in einem Großraumbüro arbeiten müssen.

- Nehmen Sie sich regelmäßig Auszeiten, um ganz in Ruhe nachzudenken.

- Lesen Sie ab und zu ein Buch vom Anfang bis zum Ende durch. Genießen Sie es.

- Trainieren Sie Ihre Aufmerksamkeit, indem Sie regelmäßig meditieren.

- Machen Sie spielerische Übungen zwischendurch, die Ihre Konzentration und Ihr Kurzzeitgedächtnis verbessern.

- Beschäftigen Sie sich fernab von den Medien intensiv mit etwas, dass Sie wirklich gerne tun und dass Sie sehr interessiert.

- Spielen Sie, wenn Sie mögen, wieder einmal Gesellschaftsspiele. Ganz besonders Schach ist ein perfektes Training für Ihre Konzentration und verbessert die Kapazität Ihres Kurzzeitgedächtnisses.

- Nutzen Sie die Medien intensiv und mit Spaß. Gewöhnen Sie sich aber eine eigene Kommunikationskultur fernab vom allgegenwärtigen Kommunikationswahn an. Bleiben Sie offen für unterschiedliche Möglichkeiten, Ihr geistiges Potenzial zu nutzen – immer wieder auch ohne mediale Unterstützung.

Der Preis der Mobilität
Gelingendes Leben in Zeiten räumlicher Flexibilität

»Zukünftig wird es nicht mehr darauf ankommen, dass wir überall hinfahren können, sondern, ob es sich lohnt, dort anzukommen.«
Hermann Löns

Wenn das Zuhause zur Durchgangsstation wird

Ungefähr 1,5 Millionen Menschen pendeln täglich mehr als 50 Kilometer zur Arbeit. Jeder fünfte Vollzeitbeschäftigte ist häufig unterwegs. Die Bundesagentur für Arbeit sieht eine tägliche Pendelzeit von drei Stunden bei einer Arbeitszeit von mehr als sechs Stunden pro Tag als zumutbar an.[1] Tatsächlich sind viele Menschen noch länger unterwegs. Die sogenannten Fernpendler fahren jeden Tag weit mehr als 50 Kilometer. Manchmal ist ihre Arbeitsstelle mehrere Hundert Kilometer entfernt. Die zumutbaren drei Stunden sind da schnell überschritten, ganz besonders, wenn Behinderungen durch Staus oder Verspätungen dazukommen. Das macht wohl niemandem wirklich Spaß. Schnell hat die Arbeitswoche 60 oder 70 Stunden. Dadurch geht sehr viel persönliche Lebenszeit verloren, die sinnvoller genutzt werden könnte. Dennoch nehmen viele Arbeitnehmer die damit verbundenen Belastungen auf sich. Es gibt viele Gründe dafür: Sie finden keine Arbeit an ihrem Wohnort. Dort haben sie ein Haus gebaut und wollen es nicht aufgeben. Ihre Kinder sollen nicht die Schule wechseln müssen. Ihr Partner hat einen sicheren Job im Heimatort. Rechtfertigen diese Gründe aber tatsächlich den Verlust an Lebensqualität?

Wenn es finanziell machbar und persönlich vorstellbar ist, pendeln viele Menschen auch nur am Wochenende nach Hause. Sie leben in der Woche in einer Zweitwohnung am Arbeitsort. Ihr Job und die möglichen Karriereschritte sind ihnen so wichtig, dass sie dafür auf ihr Privatleben in der Woche verzichten. Für die Partner und die Kinder ist das nicht immer einfach. Ausgerechnet sie, die Rückhalt im Leben geben, sind scheinbar nicht so wichtig wie der Job. Das ist schwer auszuhalten, auch wenn man es gemeinsam so entschieden hat.

Viele junge, meist gut ausgebildete Menschen führen eine Wochenendbeziehung, um sich voll und ganz dem beruflichen Aufstieg widmen zu können. Meist sind sie nicht verheiratet und haben noch keine Kinder. Sie leben an unterschiedlichen Orten, jeweils dort, wo sie arbeiten. Nur am Wochenende treffen sie sich an einem der beiden Wohnorte. Sie arbeiten viel und gönnen sich nur selten Abwechslung vom Job. Ihr Privatleben beschränkt sich auf ein Minimum. Jugendliche Frische, Freiheit und Unternehmungslust stelle ich mir anders vor.

Immer häufiger verpflichten sich Mitarbeiter, jederzeit umzuziehen, wenn der Job es verlangt – egal wohin. Das sind längst nicht mehr nur Topmanager. Mitarbeiter aller Ebenen unterschreiben das. Wer Karriere machen, wirtschaftlich erfolgreich oder einfach nur existenziell abgesichert sein will, muss jederzeit mobil und flexibel sein. Das wird selbstverständlich erwartet. Viele Menschen packen deshalb in regelmäßigen Abständen, immer wenn der nächste Karriereschritt oder einfach nur ein Jobwechsel ansteht, ihre Koffer und ziehen um. Das kann bereichernd und spannend sein. Wenn aber beide Partner beruflich engagiert und vielleicht karriereorientiert sind, wird es schwierig. Längst haben Personalberater hier ein neues Geschäftsfeld entdeckt. In sogenannten Dual Career Centers vermitteln sie auch den Partnern passende Jobs mit guten Karrierechancen am neuen Einsatzort des jeweils anderen. Wenn es gelingt, mag das durchaus eine gute Lösung sein.

Viele derjenigen, die das Glück haben, in der Nähe oder an ihrem Wohnort arbeiten zu können, sind oft unterwegs. Nicht selten sind sie wenigstens einmal, oft auch mehrmals pro Woche auf Geschäftsreise. Die internationale Vernetzung der Firmen macht Geschäftsreisen immer wichtiger, trotz Internet, Telefon- und Videokonferenzen. Die ersten Flugzeuge früh morgens sind voll mit mobilen Berufstätigen. Sie müssen pünktlich zu ihrem nächsten beruflichen Termin in einer anderen Stadt sein. Diese Vielflieger genießen oft einen besonderen Status mit vielfältigen Vorteilen und Annehmlichkeiten bei ihren häufigen Reisen. Ihr Zuhause sehen sie allerdings selten bei Tageslicht. Stattdessen ist die Flughafen-Lounge ihre zweite Wohnung.

Nicht viel anders ergeht es denjenigen, die ihre Geschäftsreisen mit dem Auto machen. Ihr Tag beginnt eben-

falls schon sehr früh morgens mit einer mehrstündigen
Autofahrt. Anschließend absolvieren sie einen anstrengenden und langen Arbeitstag. Müde und abgespannt treten sie abends die Heimfahrt an. Zu Hause sind sie erst
spät – zu spät, um noch etwas unternehmen zu können.

Mobilität im Arbeitsalltag ist oft frei gewählt und wird
durchaus als sinnvoll und akzeptabel erlebt. Die Mitarbeiter versprechen sich von ihrer Bereitschaft zu Mobilität
und Flexibilität schnellen beruflichen Aufstieg und einen
guten Verdienst. Ihr Job ist intellektuell anspruchsvoll und
macht ihnen Spaß. Sie genießen das schnelle und mobile
Leben und finden es reizvoll, heute hier und morgen dort
zu sein. Die damit verbundenen Mühen nehmen sie bereit-
willig auf sich und merken erst viel zu spät, dass sie ihre
Leistungsgrenzen überschreiten. Sie stellen bewusst und
frei gewählt ihr ganzes Leben der Arbeit zur Verfügung.

Der neue Jet-Set-Arbeitsmarkt treibt dabei auch selt-
same Blüten. Selbst Immobilien werden mobil. Architek-
ten entwickeln sogenannte Loftcubes. Sie lassen sich
innerhalb von zwei Tagen an jedem beliebigen Ort aufbauen, ganz ohne Grundstück, zum Beispiel auf dem
Flachdach des Bürogebäudes. Auf wenigen Quadratme-
tern ist das Nötigste, eine Küche, ein Bett und ein Arbeitsplatz vereint, sogar in einem modernen und ansprechen-
den Design. Der Container als moderne Mobilie für all
diejenigen, die ihr ganzes Leben der Arbeit unterordnen
und in einer globalisierten Welt hin- und herpendeln.[2]

Wollen wir wirklich so leben? Wollen wir tatsächlich leben, um zu arbeiten, anstatt arbeiten, um zu leben? Es
lohnt sich, sich ein paar Gedanken über die eigenen Bedürfnisse, Werte und Ziele zu machen. Folgende Fragen
und Statements können dabei helfen.

Eigene Bedürfnisse, Werte und Ziele klären

- Inwieweit hilft mir meine Karriere, mein Bank- konto, mein Status, mein berufliches Engagement, hier und jetzt glücklich zu sein und mein Leben zu genießen?
- Muss ich so leben, wie ich es momentan tue? Möchte ich so leben?
- Wie sieht eine sinnvolle Richtung in meinem Le- ben aus? Wohin möchte ich mein Leben lenken?
- Wenn ich beruflich alles verwirklichen könnte, was ich gerne möchte, wie würde mein beruflicher Alltag aussehen?
- Wenn ich privat alles verwirklichen könnte, was ich möchte, wie würde mein privater Alltag ausse- hen?
- Wenn ich Beruf und Privatleben in einer für mich idealen Weise verbinden könnte, wie würde mein Leben dann aussehen?
- Wenn ich mir einen idealen Ort für mein Leben vorstelle, wie sieht er aus? Wo ist dieser Ort?
- Was bedeuten mir Zuhause und Heimat?
- Wie sieht meine Lebensvision, mein Traum vom idealen Leben aus?
- In meinem idealen Leben kann ich …
- In meinem idealen Leben bin ich …
- In meinem idealen Leben habe ich …
- Um mich wohlzufühlen, brauche ich …
- Mir ist wichtig, dass ich …
- Ich lege großen Wert auf …

Veränderungen durch
ununterbrochene Mobilität

Mobilität hat es immer gegeben. Kriege und Katastrophen
sowie andere einschneidende Veränderungen haben immer wieder Millionen von Menschen gezwungen, auf
Wanderschaft zu gehen. Die in den vergangenen Jahrzehn-
ten bei uns kultivierte Sesshaftigkeit ist wohl eher ungewöhnlich. Niemals vorher haben Menschen derart sicher
und beständig gelebt. Ein sicherer Arbeitsplatz, feste Arbeitszeiten, geregelter Feierabend, starre Hierarchien, klar
definierte Arbeitsinhalte und immer gleiche Kollegen in
festen Abteilungen, das sind Errungenschaften des Indus-
triezeitalters. Irgendwie scheinen sie nicht mehr in unsere
globalisierte und individualisierte Welt zu passen. Längst
ist die Arbeitswelt wieder auf Wanderschaft. Das mobile
Arbeitsleben wird immer mehr zum alltäglichen Muster,
ob wir es wollen oder nicht.[3]

Mobil und flexibel zu leben hat dabei durchaus positive
Seiten. Es bedeutet, dass wir uns auf neue Menschen und
Umgebungen einlassen müssen. Das fordert und fördert
unsere persönliche Entwicklung. Indem wir uns immer
wieder Neuem öffnen, entfalten wir automatisch geistige
Potenziale. Das Gehirn liebt Überraschungen, neue Reize
und Impulse. Dadurch verändert es sich. Die Synapsen
feuern Signale und knüpfen neue Verbindungen. Das
Netzwerk unserer Gedanken wird dichter. Wir können
flexibler, kreativer und besser denken, handeln und entscheiden. Davon profitieren wir in allen Lebensbereichen.

Wir können aber auch zu viel des Guten tun. Ein Leben immer unterwegs, an ständig wechselnden Orten, in
Hotels oder ungemütlichen Zweitwohnungen und aus-

schließlich für die Arbeit raubt uns Energie. Wir haben keine Kraft und Zeit mehr für etwas anderes. Selbst die grundlegenden und ganz profanen Dinge des Lebens, wie zum Beispiel kochen, einkaufen gehen, einen Garten versorgen oder sich ganz einfach mit sich selbst zu beschäftigen, haben dann keinen Platz mehr in unserem Leben. Nicht umsonst haben Anbieter von alltäglichen Dienstleistungen Hochkonjunktur. Auch einige Firmen bieten ihren Mitarbeitern Unterstützung bei alltäglichen Verrichtungen an. Während der Arbeit können sie ihre Hemden am Empfang abgeben und abends gewaschen und gebügelt wieder mitnehmen. Sie können ihre Einkäufe dort bestellen, Schuhe putzen lassen, Blumen und Geschenke besorgen lassen, kurz alles erledigen lassen, was ansonsten ihre kostbare Arbeitszeit verkürzen würde. Natürlich finde auch ich es angenehm, wenn mir jemand den lästigen Hausputz abnimmt. Selbstverständlich ist es schön, wenn Hemden und Blusen frisch gewaschen und gebügelt nur noch aus der Reinigung abgeholt werden müssen. Wenn diese Erleichterungen allerdings den alleinigen Zweck haben, noch mehr arbeiten zu können, wird ihr Nutzen fragwürdig.

Bei all dem Beschäftigt- und Unterwegssein bleiben familiäre Bindungen und Freundschaften oft auf der Strecke. Das ist für unser Leben jedoch nicht gut. Denn lebendige Beziehungen und persönliche Zuwendung sind gesundheitsförderlich, lebensverlängernd und stärken unsere kognitiven Fähigkeiten.[4] Ein Leben im Flugzeug oder auf der Autobahn lässt wenig Zeit, um mit den Kindern zu spielen, mit dem Partner gemeinsame Interessen zu pflegen, mit Freunden etwas zu unternehmen oder einfach

einmal ein Familientreffen zu organisieren. Bei Wochenendpendlern leidet die Partnerschaft ganz besonders. Es
kommt häufig zu Konflikten über die häusliche Arbeits-
verteilung. Die Erwartungen an das Wochenende sind
hoch. Oft sind sie zu hoch, um tatsächlich erfüllt zu werden. Enttäuschungen sind somit vorprogrammiert und
kosten viel emotionale Energie. Eine Untersuchung hat
ergeben, dass das Scheidungsrisiko bei Ehen von Fern-
pendlern um 40 Prozent gegenüber dem Durchschnitt
steigt.[5]

Die sozialen Kosten der Mobilität sind also hoch. Das
hat Auswirkungen auf die allgemeine Zufriedenheit.
Durch lange Wegezeiten zur Arbeit sinkt die Lebenszu-
friedenheit der Betroffenen deutlich. Personen mit langen
Fahrwegen fühlen sich merklich schlechter als diejenigen,
die nahe am Arbeitsort wohnen und weniger unterwegs
sind. Auch Vorteile im Job und bessere Wohnbedingungen
können das nicht aufwiegen. Versuchsergebnisse zeigen,
dass das Gehalt um 40 Prozent steigen müsste, um die
negativen Auswirkungen auf das Wohlbefinden bei einer
einfachen Pendelzeit von einer Stunde auszugleichen.[6] Tatsächlich verursacht die berufsbedingte Mobilität aber zu-
sätzliche Kosten.

Immer für den Job unterwegs zu sein bringt massive
seelische und körperliche Belastungen mit sich. Die tägliche Fahrerei erzeugt Stress. Zeitdruck, Zeitnot, unvorher-
gesehene Störungen und dadurch bedingte Verspätungen
tragen dazu bei. Von stressbedingten gesundheitlichen Be-
einträchtigungen wie Kopfschmerzen, Rückenschmerzen,
Bluthochdruck, Verspannungen und im Extremfall auch
Depressionen sind Pendler und auch ihre Familien deutlich häufiger betroffen. Müdigkeit, Konzentrationspro-

bleme und ein eingeschränktes Merkvermögen belasten sie zusätzlich. Andauernder Stress beeinträchtigt zudem unser Erinnerungsvermögen und unsere Aufmerksamkeit. Unsere geistige Leistungsfähigkeit verschlechtert sich.

Geschäftsreisende, die häufig über Zeitzonen hinweg reisen, leiden unter Jetlag-Symptomen. Das ist ähnlich belastend wie Schichtarbeit. Die Konzentrationsfähigkeit und das Merkvermögen werden beeinträchtigt. Müdigkeit und Vergesslichkeit dauern auch noch an, wenn sich der Körper bereits wieder an einen Tag- und Nachtrhythmus gewöhnt hat. Die Hauptveränderung des Gehirns findet dabei im Hippocampus statt. Das ist eine Hirnregion, die für das Gedächtnis und das Lernen wichtig ist. Stress behindert hier die Neubildung von Zellen. Das mindert die geistige Leistungsfähigkeit nachhaltig.[7]

Menschen, die für den Job immer unterwegs sind, halten sich meistens in Städten auf. Selten findet ihr Arbeitstag in ländlicher und naturnaher Umgebung statt. Die vielen und andauernd wechselnden Eindrücke und Begegnungen wirken einerseits positiv und sind anregend. Andererseits sind Städte voller Reize, die Stress verursachen können. Das Arbeitsgedächtnis ist davon besonders belastet. Alles, was wir bewusst erleben, denken und tun, wird hier verarbeitet. Leider hat es nur eine geringe Kapazität. Zu viele Reize überfordern das Arbeitsgedächtnis. Wir können uns dann immer schwerer konzentrieren und aufmerksam sein. Jeder kennt das. Wenn wir zu viel auf einmal im Kopf behalten wollen, entfallen uns auf einmal die einfachsten Dinge.

Das Gehirn kann sich in der Natur besonders gut von zu vielen Reizen erholen. Die Natur ist arm an Reizen und damit eine ideale Umgebung, um geistig zu regenerieren. Dabei reicht schon ein Spaziergang durch einen Park. Das zeigte eine aufschlussreiche Untersuchung der University of Michigan. Eine Untersuchungsgruppe durfte in einem Park spazieren gehen und unter Bäumen entspannen. Die andere Gruppe machte einen Spaziergang durch eine Stadt. In den folgenden Tests zeigte sich, dass die Parkgruppe deutlich besser gelaunt war, sich besser konzentrieren konnte und viel aufmerksamer war als die Stadtgruppe.[8] Auch Menschen, die in der Stadt wohnen, aber beispielsweise aus ihrem Fenster auf Grünflächen sehen können, schnitten bei Aufmerksamkeitstests besser ab als Menschen, die aus ihrem Fenster auf Häuser oder Parkplätze blicken. Die Reize der Natur sind stressfrei, stärken das Konzentrationsvermögen und die Aufmerksamkeit, reduzieren psychische Erkrankungen und erhöhen unser Wohlbefinden. Verkehrslärm, blinkende Lichtreklamen und schlechte Luft belasten dagegen sehr und ermüden uns. Als Ausgleich reicht schon der Anblick einer Naturaufnahme, wenngleich die Wirkung natürlich nicht ebenso stark ist, wie »echtes« Erleben in der Natur.[9] Wenn Sie zu den mobilen Berufstätigen zählen, die einen wesentlichen Teil ihrer Zeit an Flughäfen und auf Autobahnen, in Zügen und in Städten verbringen, ist es deshalb wichtig, dass Sie diese reizintensive Umgebung ab und an verlassen. Bereits ein kleiner Pausenspaziergang durch einen Park wirkt Wunder.

Mobilität und Flexibilität im Berufsleben haben ihr Gutes. Zu viel des Guten schadet aber. Menschen bekommen nun einmal Heimweh, Liebeskummer und Jetlag. Ihre Beziehungen lassen sich nicht wie Meetings und Geschäftsreisen planen und organisieren. Ab und an brauchen wir Abstand vom geschäftigen Treiben und Ruhe fernab von unserer reizintensiven Arbeitsumgebung. Unsere Belast-barkeit hat Grenzen. Unser Wohlbefinden hängt nicht al-lein von guten Ergebniszahlen ab – glücklicherweise ist das so.

Ein wenig Stillstand in der Bewegung

Wir sind heute nicht mobil, weil wir vor lebensbedroh-lichen Verhältnissen fliehen müssen. Neue Arbeitsbedin-gungen zwingen uns, gewohnte Sicherheit und Bequem-lichkeit aufzugeben. Wie wir mit der mobilen Arbeitswelt zurechtkommen, interessiert nicht. Das Menschliche bleibt oft auf der Strecke. Dennoch haben wir Gestaltungsspiel-räume. Wir können unser Leben aktiv in die Hand neh-men. Wir können entscheiden, was uns wichtig ist. Wir können wählen, ob Arbeit alles ist in unserem Leben oder ob es daneben noch etwas anderes gibt. Wir können Gren-zen ziehen. Wenn nicht wir, wer sonst sollte es tun? Gren-zen nennen und überzeugend vertreten zu können setzt voraus, dass wir unsere Wünsche und Bedürfnisse kennen. Eine kleine Übung kann dabei helfen.

Eigene Bedürfnisse und Wünsche verwirklichen

■ Nehmen Sie sich ein Stück Papier und schreiben Sie drei Dinge auf, die Sie in Ihrem Leben *nicht* mehr wollen.
Beispiel: »Ich will nicht das ganze Wochenende mit Terminen verplant haben.«

■ Für alles, was wir nicht wollen, gibt es eine positive Umkehrung. Stellen Sie sich für alle drei gefundenen Dinge deshalb die Frage *»Was will ich denn stattdessen?«* und schreiben Sie die Antworten auf.
Beispiel: »Ich möchte das Wochenende frei nach meinen eigenen Wünschen und spontan gestalten können.«

■ Hinter jedem dieser formulierten Wünsche steht ein konkretes Bedürfnis. Versuchen Sie herauszufinden, welche Bedürfnisse hinter Ihren Wünschen stehen. Stellen Sie sich für jeden Wunsch die Frage *»Warum, möchte ich das? Was verspreche ich mir davon?«*
Beispiel: »Ich habe schon lange nicht mehr Klarinette gespielt. Ich möchte am Wochenende Zeit für meine Musik haben. Vielleicht kann ich ja wieder in meiner alten Band mitspielen.«

■ Bedürfnisse sollen keine fantastischen Gebilde in unseren Gedanken bleiben. Bedürfnisse sollen nach Möglichkeit befriedigt werden. Aber wie können wir die nun schon konkret formulierten Bedürfnisse realisieren? Stellen Sie sich für jedes Bedürfnis die Frage *»Was kann ich und was muss ich tun, um das Bedürfnis zu erfüllen?«* Schreiben Sie auch das wieder auf.
Beispiel: »Ich werde für die kommenden Wochen jeweils einen Tag für mich frei halten von geplanten Unternehmungen. Ich schreibe in den Kalender, dass ich schon etwas vorhabe, und sage

das auch allen, die mich fragen, ob ich Zeit habe.«

■ Nun haben Sie eine Vorstellung davon, was Ihnen wichtig ist und wie Sie es realisieren können. Jetzt gilt es, konkrete erste Maßnahmen zur Umsetzung zu finden. Stellen Sie sich die Frage »*Was kann ich mir als erste kleine und konkrete Veränderung vornehmen, um meine Bedürfnisse Schritt für Schritt zu verwirklichen?*« Achten Sie darauf, dass Sie sich kleine Schritte vornehmen, die realisierbar und deren Erfolg messbar ist.

Beispiel: »Ich werde meine Klarinette aus dem Keller holen. Mal sehen, wie gut ich noch spielen kann. Gleich morgen werde ich mich in der örtlichen Musikschule erkundigen, ob ich dort ein paar Stunden Klarinettenunterricht nehmen kann.«

Oft sind es Kleinigkeiten, die uns helfen, in einer anstrengenden Welt gut leben und arbeiten zu können. Wenn wir zum Beispiel unter der Woche wegen unseres Jobs an einem anderen Ort wohnen und unser Familienleben und unsere Partnerschaft auf das Wochenende beschränken müssen, können wir dennoch für Nähe in der Distanz sorgen. Die Medien machen es möglich. Was spricht dagegen, Videokonferenzen auch privat zu nutzen? Wir können uns beispielsweise beim Frühstück per Computer treffen und miteinander plaudern. Wir können den Tag auf diese Weise auch gemeinsam beschließen. Dadurch lassen sich viele Themen unmittelbar bereden und klären. Das Wo-

chenende ist dann frei davon und kann intensiv und gemeinsam für schöne Dinge genutzt werden. Zugegeben,
die Qualität dieser Treffen ist niemals dieselbe wie von
Angesicht zu Angesicht. Auf lange Dauer können wir ein
gutes Familienleben oder eine glückliche Paarbeziehung
so nicht leben. Für eine begrenzte Zeit können wir aber
auf diese Weise miteinander in enger Verbindung bleiben,
trotz großer Entfernung.

Gerade Wochenendpendler leben in der Woche häufig
ganz für die Arbeit. Deshalb ist es wichtig, das Wochenende arbeitsfrei zu halten. Das Recht dazu haben wir.
Schalten Sie Ihren Laptop und Ihr Smartphone aus.
Unternehmen Sie etwas gemeinsam mit Ihrer Familie.
Spielen Sie mit Ihren Kindern. Verabreden Sie sich mit
Freunden. Lassen Sie einen Tag auch einmal gemeinsam
mit genüsslichem Nichtstun verstreichen. Letztlich be-
stimmt die Qualität der zusammen verbrachten Zeit auch
die Qualität der Beziehungen. Ist sie gut, müssen zeitlich
begrenzte Abwesenheitszeiten nicht belastend sein.

Auch Geschäftsreisen können Sie so gestalten, dass Sie
auch Ihre persönlichen Belange berücksichtigen. Was
spricht dagegen, den Aufenthalt in einer interessanten
Stadt um einen oder ein paar Tage zu verlängern? Freuen
Sie sich nach einem anstrengenden Arbeitstag auf einen
weiteren Tag mit einem interessanten Sightseeing-Pro-
gramm. Vielleicht kann der Partner/die Partnerin mitfah-
ren oder nachkommen. Falls eine Reiseverlängerung nicht
gewünscht oder möglich ist, gibt es auch andere Gestaltungsspielräume. Sie können zum Beispiel am gleichen
Tag einen späteren Rückflug nehmen und noch eine Aus-
stellung besuchen, in einem schönen Restaurant essen gehen oder einfach einen Freund treffen.

Auch Wochenendpendler können auf diese Weise ihren zweiten Wohnort erkunden. Man kann etwas Schönes unternehmen, anstatt an jedem Tag bis spät in den Abend zu arbeiten und danach vor dem Fernseher zu sitzen. Nur weil unsere Liebsten nicht vor Ort sind, müssen wir nicht auf Genuss und eine abwechslungsreiche Freizeit verzichten. Zu entdecken gibt es überall etwas. Das entspannt, bringt frischen Wind in unsere Gedanken und gibt uns vielleicht ganz neue Impulse. Die gewonnene Energie nehmen wir dann in den nächsten Arbeitstag oder in das Wochenende zu Hause mit.

Fernpendler, die jeden Tag extrem viel unterwegs sind, sollten über einen möglichen Umzug nachdenken. Wenn die Vorteile der heimatlichen Umgebung die Nachteile der weiten Wege zur Arbeit nicht aufwiegen, macht es durchaus Sinn. Manchmal ist es die einzige sinnvolle Möglichkeit, Stress zu reduzieren. Alle Beteiligten gewinnen dadurch persönliche Lebenszeit und damit Lebensqualität.

Wählen Sie ab und zu auch die Bahn als Fortbewegungsmittel. Denn niemand zwingt uns, mit dem Auto zur Arbeit oder zu einem Geschäftstermin zu fahren. Nehmen Sie sich ein schönes Buch mit, lesen Sie eine interessante Zeitung, hören Sie ein Hörbuch oder Ihre Lieblingsmusik oder hängen Sie ganz einfach Ihren Gedanken nach. Gestalten Sie lange Arbeitswege so angenehm wie möglich. Das entspannt und macht zufrieden. Ihr Gehirn kann abschalten und ist leistungsfähiger, wenn Sie am Arbeitsort ankommen. Unter Umständen ist es auch einmal sinnvoll, auf der Fahrt bereits einen Teil der Arbeit zu erledigen. Besonders Routineaufgaben eignen sich dafür. Andere Aufgaben können dann davon unbeeinträchtigt am Arbeitsort sofort und effektiver erledigt werden. Dadurch verkürzt sich die Arbeitszeit und Sie können den Heimweg früher antreten.

Heute hier und morgen da zu sein klingt zunächst interessant. Die mobile Arbeitswelt ist aber oft anstrengend. Man braucht nur in die Gesichter der zahlreichen Geschäftsreisenden auf Bahnhöfen oder Flughäfen zu schauen. Termine sind eng getaktet. Kommt es zu Verspätungen durch Flugausfälle oder witterungsbedingte Bahnverzögerungen, gerät der ganze Terminplan durcheinander. Die Anspannung steigt. Umso wichtiger ist es, sich immer wieder erholsame Auszeiten zu gönnen. Manch einer findet Ruhe in der Bewegung. Bei einem langsamen Jogginglauf lässt es sich beispielsweise wunderbar entspannen. Die gleichmäßige Schrittfolge bringt innere Ruhe. So manches Problem klärt sich dabei wie von alleine. Die beruhigende und stimmungsaufhellende Wirkung der Natur trägt zusätzlich dazu bei. Wer in meditativer Entspannung geübt ist, kann auch das sehr gut während des Laufens praktizieren. Vielleicht mögen Sie aber auch lieber eine andere Bewegungsart. Es ist völlig egal, was sie machen. Hauptsache, Sie gönnen sich einige wohltuende Auszeiten, wenn möglich in der Natur.

Gerade Menschen, die viel unterwegs und von ihrer Arbeit stark beansprucht sind, verlieren oft den Bezug zu sich selbst und ihren Körperempfindungen. Erst in der Ruhe entwickeln wir Sensibilität dafür, wann Grenzen der Belastbarkeit erreicht sind. Der Körper sendet uns frühzeitig Signale. In der permanenten Hektik des mobilen Lebens werden diese Signale leicht übersehen. Übungen zur achtsamen Schärfung der Sinne und des Körperempfindens können helfen, diese Sensibilität wieder zu entwickeln. Ein kleines Beispiel zum Abschluss dieses Kapitels ist die folgende Übung. Sie können sie überall durchführen, im Café, in der Flughafen-Lounge, im Stau, im Zug oder einfach zwischendurch zu Hause.

Übung zur Schärfung der Sinne

Nehmen Sie sich bewusst einige Minuten Zeit, um mit voller Aufmerksamkeit sich und die momentane Situation hier und jetzt wahrzunehmen. Spüren Sie die Haltung Ihres Körpers. Spüren Sie, wie Sie sitzen oder stehen. Nehmen Sie wahr, wo Ihr Körper in Kontakt ist mit der Sitzfläche des Stuhls. Nehmen Sie den Kontakt Ihrer Füße mit dem Boden wahr. Nehmen Sie bewusst eine aufrechte Haltung ein. Spüren Sie, dass Sie im Gleichgewicht sind. Nehmen Sie Ihren gesamten Körper wahr. Spüren Sie Ihre Hände. Halten die Hände etwas fest? Liegen sie locker in Ihrem Schoß oder auf einer Armlehne? Sind sie warm oder kalt? Wie fühlt sich Ihr Oberkörper an? Spüren Sie Ihre Schultern? Bemerken Sie Verspannungen? Lockern Sie Ihre Schultern soweit möglich. Nehmen Sie den Unterschied wahr. Fühlen Sie die gleichmäßige Bewegung Ihres Atems.

Achten Sie jetzt darauf, was Sie um sich herum wahrnehmen. Lassen Sie Ihren Blick auf den Dingen oder Menschen ruhen, die Sie sehen. Sie können den Fokus auf ein einzelnes Detail richten. Sie können Ihren Blick aber auch ausdehnen auf die ganze Szenerie. Sie können Ihren Blick scharf stellen oder ihn unscharf werden lassen. Spielen Sie damit. Wechseln Sie zwischen der Fokussierung auf einen Punkt und dem weiten Blick über alles. Wechseln Sie zwischen scharfer und unscharfer Einstellung. Wie fühlt sich das an? Richten Sie Ihre Aufmerksamkeit weiter auf das, was um Sie herum ist. Was sehen Sie? Welche Farben nehmen Sie wahr? Welche Details fallen Ihnen auf? Was interessiert Sie daran? Welche Geräusche nehmen Sie wahr? Was riechen Sie? Was verbinden Sie damit?

Sind Sie mit Ihrer Aufmerksamkeit ganz in der momentanen Situation oder schweifen Ihre Gedanken schon wieder ab? Wenn ja, woran denken Sie? Versuchen Sie, sich wieder aufmerksam der momentanen Situation zu widmen. Seien Sie neugierig auf alle Eindrücke und Empfindungen. Bleiben Sie einige Minuten stiller Beobachter.

Richten Sie Ihre Aufmerksamkeit nun wieder nach innen. Spüren Sie die Bewegung Ihres Atems. Spüren Sie Ihren Körper. Welche Körperempfindungen haben Sie. Spüren Sie sich selbst in diesem Moment, in diesem Raum. Beenden Sie die Übung langsam wieder. Wenn Sie mögen, bewegen Sie sich jetzt so, wie Sie es gerade möchten.

Tipps zur positiven Gestaltung von Mobilität

- Suchen Sie unterwegs Orte auf, an denen man ungestört von äußeren Reizen nicht nur arbeiten, sondern einfach nur nachdenken kann. Café-Häuser ohne Musik- und Videoberieselung sind dafür wunderbar geeignet.
- Wenn Sie viel unterwegs sind und sich dabei meistens in städtischer Umgebung aufhalten, nutzen Sie jede Gelegenheit für einen Ausflug ins Grüne. Das entspannt Ihren überreizten Geist und macht zufrieden.
- Nutzen Sie Bahnfahrten und Flüge, um in Ruhe und ohne konkretes Ziel Ihren Gedanken nachzuhängen. Das erleichtert kreative Gedankeneinfälle.
- Nehmen Sie die Bahn anstelle des Autos. Lesen Sie während der Bahnfahrt ein schönes Buch, hören Sie Ihre Lieblingsmusik oder ein Hörbuch, oder unterhalten Sie sich mit anderen Fahrgästen. Das ist angenehm und stressfreier als eine Autofahrt.
- Nehmen Sie lieber eine längere Bahnfahrt ohne Umsteigen in Kauf als eine kürzere Fahrt mit der Notwendigkeit umzusteigen. Umsteigen birgt das Risiko, Anschlusszüge zu verpassen, und verursacht zusätzlichen Stress. Außerdem können Sie auf einer durchgehenden Fahrt besser lesen oder auf andere Art entspannen.
- Bilden Sie wenn möglich Fahrgemeinschaften, um tägliche und lange Wege zur Arbeit zu bewältigen. Sie sind dann immer wieder mal nur Beifahrer und können während der Fahrt entspannen.
- Verbinden Sie Ihre Geschäftsreise in eine interessante Stadt mit einem Kurzurlaub. Verlängern Sie Ihren Aufenthalt um einen oder mehrere Tage und erkunden Sie

die Stadt. Nehmen Sie Ihren Partner/Ihre Partnerin mit und gönnen Sie sich eine kurze gemeinsame Auszeit.

- Nehmen Sie einen späteren Heimflug, wenn Sie auf Geschäftsreise sind. Besuchen Sie ein Museum, gehen Sie in einem schönen Restaurant essen, genießen Sie einen Abend im Biergarten oder erkunden Sie die Stadt auf andere Weise.

- Machen Sie rechtzeitig Feierabend, auch wenn Sie zu den Wochenendpendlern zählen. Achten Sie darauf, dass Sie auch fernab von zu Hause Freizeit haben und genießen. Erkunden Sie beispielsweise Ihren zweiten Wohnort.

- Treiben Sie regelmäßig Sport. Das baut Stresshormone ab und beugt physischen und psychischen Erkrankungen vor.

- Werden Sie Mitglied in einem Fitnessstudio mit vielen Filialen. Meistens können Sie dann an jedem beliebigen Ort die Angebote nutzen. Auf diese Weise können Sie regelmäßig trainieren, auch wenn Sie nicht regelmäßig zu Hause sind.

- Vielleicht laufen Sie gerne. Tun Sie es regelmäßig. Der gleichmäßige Rhythmus der Schritte bringt Ruhe und Entspannung. Suchen Sie sich eine schöne Laufstrecke in schöner Natur. Das hebt die Laune.

- Achten Sie immer wieder auf Langsamkeit in Ihrem schnellen und umtriebigen Leben. Gehen Sie bewusst und langsam zum nächsten Termin. Sammeln Sie dabei Ihre Gedanken. Atmen Sie ruhig ein und aus. Fahren Sie längere Zeit auf der rechten Spur. Überholen Sie nicht. Zwingen Sie sich zu diesem langsameren Tempo, auch wenn es schwerfällt.

- Hetzen Sie nicht auf die letzte Minute zum Flughafen

oder zum Bahnhof. Nehmen Sie sich Zeit, auch wenn es früh ist. Lesen Sie im Wartebereich ein paar Minuten in Ruhe die Morgenzeitung. Lassen Sie dabei Ihren Laptop und Ihr Smartphone ausgeschaltet.

- Überprüfen Sie immer wieder Ihre eigenen Bedürfnisse und Wünsche. Gestalten Sie, soweit möglich, Ihr Leben danach. Ziehen Sie Grenzen, andere tun es nicht für Sie. Treffen Sie Entscheidungen über Ihr Leben. Warten Sie nicht, bis es wehtut.

- Wenn die Belastungen des Pendelns zu groß werden, sollten Sie umziehen. Manchmal ist das die einzige sinnvolle Lösung.

- Denken Sie über einen Jobwechsel nach, wenn Sie das Gefühl haben, dass alles, was Ihnen wichtig und wertvoll ist, im jetzigen Job auf der Strecke bleibt. Auch das ist gelebte Flexibilität.

- Kümmern Sie sich um Ihre Familie und Freunde. Suchen Sie Nähe auch aus der Distanz. Telefonieren Sie miteinander. Treffen Sie sich per Computer mit Ihrem Partner oder Ihrer Familie zum Frühstück oder zum Abschluss des Tages. So bleiben Sie sich nah trotz räumlicher Trennung.

- Nutzen Sie die Wochenenden ausschließlich für sich und Ihre Familie. Arbeiten Sie dann nicht auch noch. Spielen Sie stattdessen mit Ihren Kindern, gönnen Sie sich schöne Stunden zu zweit oder treffen Sie Freunde.

- Begrenzen Sie beruflich bedingte Aufenthalte fernab von zu Hause auf eine verträgliche Zeit. Achten Sie darauf, dass Ihr Privatleben wenig oder keinen Schaden nimmt.

- Wenn Sie umziehen müssen, suchen Sie sich immer wieder eine schöne Wohnung oder ein schönes Haus. Auch wenn Sie nur eine begrenzte Zeit an Ihrem neuen Einsatzort bleiben, ist es wichtig, dass Sie sich dort heimisch und wohlfühlen können. Wer ein schönes Zuhause hat, hört auch einmal auf zu arbeiten.

- Nutzen Sie Möglichkeiten, gemeinsam den Einsatzort zu wechseln. Schalten Sie Personalvermittler ein, die Sie dabei unterstützen können. Stimmen Sie einer Wochenendbeziehung nur zu, wenn es tatsächlich keine andere Möglichkeit gibt.

- Schärfen Sie Ihre Sinne. Das geht besonders gut in freier Natur. Aber auch auf dem Flughafen, in der Bahn, im Auto oder zu Hause können Sie Übungen machen. Das hilft Ihnen, Warnsignale Ihres Körpers frühzeitig wahrnehmen und rechtzeitig gegensteuern zu können.

- Widmen Sie sich auch den alltäglichen Dingen des Lebens. Kochen Sie wieder einmal selber, gehen Sie auf dem Markt einkaufen, kümmern Sie sich um Ihre Balkonpflanzen oder Ihren Garten, machen Sie einfache Reparaturen selber oder tun Sie sonst etwas Alltägliches. Auch das schärft die Sinne, lenkt von den immer gleichen Gedanken an den Job ab und entspannt. Ganz nebenbei bleiben Sie unabhängig von anderen und lebensfähig.

- Vergessen Sie nicht zu leben, auch wenn Ihnen Ihre Arbeit gefällt. Insbesondere wenn Sie noch jung und familiär ungebunden sind, sollten Sie Ihre Freiheit und Ihre Unabhängigkeit zu vielfältigen Unternehmungen nutzen. Machen Sie auch einmal etwas Verrücktes. Planen Sie eine lange Reise in ferne Länder. Machen Sie die Nacht ab und an zum Tag. Verpasstes Leben *können* Sie nicht nachholen.

Druck und Angst
Menschenwürde im Arbeitsleben

»Aus Angst, mit wenigem auskommen zu müssen, lässt sich der Durchschnittsmensch zu Taten hinreißen, die seine Angst erst recht vermehren.«
Epikur

Angst im Job

Viele Beschäftigte erleben zunehmend Angst und Druck. Schlechte Manager und eine inkompetente Führung sind nach Angaben des National Institute for Health and Clinical Excellence (NICE) die Hauptursache für berufsbedingte Ängste und Stress.[1] Es mangelt an Wertschätzung, Fürsorge und Vertrauen. Immer mehr Beschäftigte müssen täglich ihre Daseins-Berechtigung unter Beweis stellen. Gelingt Ihnen das nicht, droht die Kündigung. Solides Wirtschaften und gute Mitarbeiterleistung sind nicht länger die Basis für Erfolg. Auf zum Teil moralisch fragwürdige Weise wird Gewinnmaximierung geplant. Da werden kostenintensive Menschen schon mal zum Störfaktor, den es zu minimieren gilt. Der kurzfristige Bilanzerfolg ist

wichtiger als das menschliche Wohl. Die Angst vor dem
Verlust des Arbeitsplatzes ist für viele Mitarbeiter Teil des
täglichen Wahnsinns. Jeder weiß, dass er schon morgen
der Nächste sein kann, der nicht mehr gebraucht wird.
Wer nicht funktioniert, wird schnell aussortiert. Wer es
schafft, kritiklos finanzielle Einschränkungen zu akzeptieren und klaglos sämtliche Schikanen inkompetenter
Führung zu ertragen, kann die Sicherheit seines Jobs zumindest vorübergehend graduell erhöhen. Jeder wird ver-
dächtig, überflüssig zu sein. Immer länger arbeiten, andauernd erreichbar sein, keine offene Kritik äußern,
demotivierende Führung klaglos akzeptieren und sich den
Erfordernissen unauffällig anpassen, das ist zur gängigen
Strategie geworden. Bloß nicht negativ auffallen. Es könnte
den Job kosten. So versuchen immer mehr Menschen, ihren Job zu sichern. Der Preis ist hoch.

Fürsorge, vertrauensvolle Begleitung und Förderung
der Mitarbeiter, das waren lange Zeit Hauptaufgaben von
Führungskräften. Mittlerweile sind sie selber zum Spiel-
ball einer nur an ökonomischen Zielen orientierten Arbeitswelt geworden. Der Druck, Ziele und Vorgaben zu
erfüllen, lässt auch sie zu Meistern der Selbstausbeutung
werden. Ihre Leistungsgrenzen verlieren sie aus den Augen und die ihrer Mitarbeiter zwangsläufig auch. Da bleibt
das Menschliche häufig auf der Strecke. Die Sorge um und
die Förderung von Mitarbeitern gerät in Vergessenheit.
Stattdessen wird der eigene Druck nach unten weitergege-
ben. Wenn die monetären Ziele nicht erreicht werden,
folgt schnell auch für Führungskräfte der Jobverlust.
Angst ist auf allen Ebenen präsent, auch ganz oben. Gute
Führung gelingt immer seltener.

Die Angst, den Erwartungen und Ansprüchen nicht genügen zu können, ist für viele Menschen im Arbeitsleben ein ständiger Begleiter. Wer schwächelt, hat verloren. Die Konkurrenz schläft nicht. Deshalb bloß keine Fehler machen. Die Angst zu versagen ist groß. Niemand möchte als Schwächling oder Versager dastehen. Scham und Versagensängste machen nicht unbedingt stolz. Deshalb reden die Betroffenen nur selten darüber. Kollegen sind schließlich zu Konkurrenten um den Arbeitsplatz geworden. Da möchte niemand seine Schwächen offenbaren. Die Angst vor der eigenen Unzulänglichkeit wächst, gedeiht unbemerkt von anderen und nimmt bedrohliche Dimensionen an. Das Selbstwertgefühl wird kleiner und die Angriffsfläche für arbeitsbedingte Schikanen größer.

Ängste vor den durch Arbeitslosigkeit verursachten finanziellen Problemen belasten zusätzlich. Wie sollen die Raten für die Hypothek bezahlt werden, wenn der Job weg ist? Wie kann der Lebensstandard gehalten werden? Was werden Nachbarn und Freunde denken, wenn kein teures Auto mehr vor der Tür steht? Wie wird es sein, wenn der jährliche Urlaub nicht mehr finanziert werden kann? Angst vor möglichen Einschnitten in die gewohnte Lebensweise und vor dem Verlust von Lebensqualität sind allgegenwärtig. In einer materiell überversorgten Gesellschaft haben die Menschen viel zu verlieren. Die Angst vor wirtschaftlichen Einbußen ist deshalb groß. Das macht abhängig und raubt Handlungsspielräume. Hängt unser Lebensglück tatsächlich allein von unserem Haus, Auto, Urlaub oder anderen materiellen Annehmlichkeiten ab?

Die vielfach beschriebene neue Freiheit im Arbeitsleben erweist sich an vielen Stellen als höchst ambivalente Selbstverantwortlichkeit. Den meisten Beschäftigten hat sie einen oft unerträglichen Druck beschert, ständig effizient, immer präsent und hoch belastbar sein zu müssen. Arbeit wird zur Dauerbelastung und birgt vielfältige Ängste. Selbst die Angst zu regenerieren und zu entspannen gehört dazu. Kaum einer traut sich mehr, Leistungsgrenzen einzugestehen. Stattdessen werden sie permanent überschritten. Wer regelmäßig Zeiten der Ruhe, Entspannung und Muße für sich beansprucht oder einen längeren Urlaub plant, gilt als arbeitsscheu und riskiert scheinbar viel. Angst regiert die Arbeitswelt wie nie zuvor.[2]

Ist das die Freiheit, wie wir sie uns vorgestellt haben? Lohnen sich all die Zugeständnisse und Einbußen tatsächlich? Wer seine Ängste nicht leugnet, sondern versucht, sie zu verstehen und zu akzeptieren, kann Kontrolle über sie erlangen. Wenn wir uns unserer Gefühle und Gedanken bewusst sind, können wir sie beeinflussen und verändern. Folgende Übung kann dabei helfen, Klarheit über die eigenen Empfindungen zu bekommen.

Gedanken- und Gefühlsprotokoll

Wählen Sie einen ganz »normalen« Arbeitstag und halten Sie Ihre Gefühle an diesem Tag schriftlich fest. Lassen Sie sich stündlich per Handy oder Computer daran erinnern. Halten Sie fest, wie es Ihnen gerade geht. Schreiben Sie die Uhrzeit und das, was Sie gerade tun, auf. Was denken und fühlen Sie dabei? Schreiben Sie alles möglichst detailliert auf. Protokollieren Sie einen ganzen Tag lang Ihre Empfindungen. Selbstverständlich können Sie das auch über mehrere Tage tun. Analysieren Sie Ihr Protokoll danach möglichst genau.

- Welche Besonderheiten fallen mir auf?
- Wann ging es mir besonders gut, wann besonders schlecht?
- Welche Gedanken, Menschen oder Bedingungen begleiten meine guten Gefühle? Welche meine schlechten Gefühle?
- Welche Gefühle wiederholen sich? In welchen Situationen treten sie auf? Welche Gemeinsamkeiten haben die jeweiligen Situationen?
- Was tue ich, wenn ich schlechte Gefühle habe?
- Was hätte ich tun können oder sollen, um diese Situationen mit guten Gefühlen erleben zu können? Ist mir das schon einmal gelungen?

Unsicherheit, Angst und Stress – ein gefährliches Trio

Die Rahmenbedingungen des Arbeitslebens haben sich grundlegend geändert. Geradlinige Lebens- und Berufsbiografien gehören der Vergangenheit an. Unsicherheit ist eine elementare Erfahrung für viele Menschen. Sie wird vom Gehirn als Bedrohung wahrgenommen. Das macht Angst. Auf Angst reagiert das Gehirn, indem es hormonelle Veränderungen im Körper anstößt, die aktivierend wirken. Stresshormone werden ausgeschüttet. Energiereserven werden mobilisiert, um die bedrohliche Situation zu meistern. Ein moderates Maß an Erregung hat durchaus eine leistungssteigernde und positive Wirkung. Wir können aufmerksamer sein, uns besser konzentrieren und kreativer denken, entscheiden und neue Lösungen finden. Jeder kennt das. In einer Situation, in der es darauf ankommt, die volle Leistung zu erbringen, ist es gut, wenn wir hellwach, vielleicht sogar leicht aufgeregt sind. Wenn ich zum Beispiel einen Vortrag halten soll, ist es fatal, wenn ich völlig unaufgeregt, absolut gelassen oder vielleicht sogar leicht müde bin. Ein bisschen Aufregung hat dagegen eine energetisierende Wirkung und hilft, Konzentration und Aufmerksamkeit zu entwicklen. Auch Unsicherheiten tragen dazu bei. Ich weiß nicht immer, was mich erwartet. Wie werden die Teilnehmer sein? Wie ist die Raumsituation? Welche Erwartungen haben die Teilnehmer und kann ich sie erfüllen? Was mache ich, wenn die Teilnehmer schwierig sind? Ich habe vorab keine Antworten auf diese Fragen. Die Situation ist unklar. Das spornt an, mich gut vorzubereiten und mein Bestes zu geben. Insofern haben Angst und Unsicherheit durchaus etwas Gutes. Allerdings nur bis zu einem bestimmten Grad. Wird die Erregung zu groß, so hat das negative Auswirkungen insbesondere auf logische und entscheidungsrelevante Bereiche des Gehirns. Zu viele Stresshormone blockieren dann das Gehirn. Bei übermäßiger Erregung werden die Funktionen der bewussten menschlichen Informationsverarbeitung eingeschränkt, also unsere Fähigkeit zu verstehen, zu entscheiden und zu erinnern. Die hierfür verantwortlichen Regionen sind sehr anfällig für Schäden durch übermäßigen Stress. Im Extremfall kann es hier sogar zum Absterben von Nervenzellen kommen. Auf jeden Fall wird die Vernetzung vorhandener und

neuer Neuronen verändert und beeinträchtigt. Das Erinnerungsvermögen leidet. Gelingt es nicht, die Stressreaktion zu kontrollieren, so sind Schäden im Gehirn
nicht mehr aufzuhalten.[3]

Immer mehr Beschäftigte erleben das täglich. Durch
sich häufig ändernde Arbeitsbedingungen werden ihre Belastungen zu groß. Für die Betroffenen geht es nicht um
die Bewältigung einer plötzlichen und akut auftretenden
Notsituation. Hierfür wäre die hormonelle Stressreaktion
des Körpers hilfreich. Der Druck, die Unsicherheit und
die Ängste sind massiv und von Dauer. Sie können nicht
mit vertrauten und bekannten Strategien gemeistert werden. Bisher erworbene Kenntnisse und Fähigkeiten helfen
nicht weiter. Bewährte Bewältigungsmechanismen, die in
vielen Situationen nützlich waren, greifen nicht mehr. Die
neuronalen Verschaltungen in unserem Kopf, die bisheri-
gen assoziativen Vernetzungen in unserem Gehirn reichen
nicht, um die Situation zu einem guten Ende zu bringen.
Psychosoziale Veränderungen, wie wir sie zurzeit ganz
besonders in der Arbeitswelt erleben, gelten als häufigste
Ursache für unkontrollierte Stressreaktionen. Ziele, Wünsche und Bedürfnisse bleiben unerfüllt. Wachsende Angst
wird zum ständigen Begleiter.

Gelingt es nicht, neue Bewältigungsmuster zu finden, so
hat das fatale Folgen für die Gesundheit. Wer immer wieder versucht, bekannte Bewältigungsstrategien anzuwen-
den, die auf die neue Situation nicht passen, lebt in ständiger Bedrohung. Vor lauter Angestrengtsein, Arbeiten und
Funktionieren bleibt unbemerkt, dass längst Grenzen der
Belastbarkeit überschritten sind. Erst der Zusammen-
bruch reist schmerzlich aus dem Teufelskreis heraus.
Dann ist es aber schon zu spät. Wenn Sorgen und Ängste

uns andauernd plagen, haben wir nicht mehr ausreichend Energie für Aufgaben, die unsere volle Aufmerksamkeit erfordern. Ganz besonders das Arbeitsgedächtnis ist dann überlastet und arbeitet nur noch eingeschränkt. Wie ein Computer, der langsamer wird, wenn im Hintergrund ein aufwendiges und speicherintensives Programm läuft.

Gelingt es aber, neue Bewältigungsmuster zu entwickeln, so entstehen neue Verknüpfungen in unserem Gehirn. Die Angst auslösende und Stress verursachende Situation wird zur kontrollierbaren Herausforderung. Das Gehirn kann sich grundsätzlich sehr gut auf neue Rahmenbedingungen einstellen. Sein assoziatives Netzwerk kann sich verändern und erweitern. Je vielfältiger wir unser Gehirn nutzen und je reichhaltiger unsere Erfahrungen sind, desto ausgeprägter wird dadurch unser Netzwerk im Kopf. Man nennt die Fähigkeit des Gehirns, seine Architektur zu verändern und an äußere Rahmenbedingungen anzupassen, neuronale Plastizität. Gelingt die Bewältigung von Angst und Stress, so wird Unsicherheit zum Auslöser und Motor für positive Lernprozesse.[4] Wir sollten also etwas dafür tun, dass die zweifellos großen Belastungen und Ängste uns nicht zerstören.

Die Angst besiegen

Angst und Stress sind ein Warnsignal, dass es so wie bisher nicht weitergehen kann. Wenn das, was wir bisher versucht haben, nicht hilft, müssen wir neue Wege suchen. Veränderung ist gefragt. Unser Gehirn unterstützt uns dabei. Es mag Neues und lernt gerne dazu. Wir können ein Leben lang neue Fertigkeiten und Fähigkeiten erwerben.

So betrachtet können Ängste und Stressreaktionen die fruchtbare Basis für Veränderung und Entwicklung sein.

Wenn wir uns auf ein breites Fundament aus erlebten Bewältigungserfolgen stützen können, fällt es leichter, neue Strategien zur Bewältigung zu finden. Jeder von uns hat im Laufe seines Lebens vielfältige Herausforderungen und schwierige Situation bewältigt. Mal besser, mal schlechter. Mal waren es unbedeutende Kleinigkeiten, mal ging es um gravierende und kritische Lebensereignisse. Immer wieder haben wir Wege gefunden, damit umzugehen. Zum Teil waren es bekannte Strategien, zum Teil haben wir ganz neue Strategien entwickelt. Wir haben alle umfangreiche Ressourcen, auf die wir in schwierigen Situationen zurückgreifen können. Gerade in sehr stressbehafteten Situationen ist uns das nicht immer bewusst. Stattdessen verhalten wir uns gerne nach dem Motto: »Ich kann da ja sowieso nichts ändern.« Wir verrennen uns in alten Mustern und resignieren. So ist es schwer, Ängste und unkontrollierte Stressreaktionen zu meistern. Besser gelingt es, wenn wir uns unserer Bewältigungskompetenz bewusst sind. Eine kleine Übung hilft, zu erkennen, dass wir gut mit Ressourcen ausgestattet sind. Das schafft Zutrauen in die Beherrschbarkeit schwieriger und stressbehafteter Situationen.

Der etwas andere Lebenslauf

Schreiben Sie ihren Lebenslauf, aber anders als üblich. Es geht um Ihre ganz persönlichen Höhen und Tiefen im Leben. Betrachten Sie Ihr Leben aus dieser neuen Perspektive. Das Erlebte, nicht das Erreichte, steht im Vordergrund.

Nehmen Sie sich dazu einen großen Bogen Papier. Zeichnen Sie ein Koordinatensystem ein. Die Vertikale ist Ihr Gefühlsbarometer. Je besser Sie sich in einer bestimmten Situation Ihres Lebens gefühlt haben, desto höher ist der Wert auf der Vertikalen anzusetzen und umgekehrt. Die Horizontale ist Ihre Lebenslinie. Hier tragen Sie die für Sie wichtigen und bedeutsamen Ereignisse Ihres Lebens in chronologischer Reihenfolge ein. Schreiben Sie unten an die Linie jeweils eine Jahreszahl und das jeweilige Ereignis.

Beginnen Sie ganz vorne mit Ihrer Geburt und betrachten Sie von dort aus die Ihnen wichtigen Stationen in Ihrem Leben. Das können die üblichen Fakten sein wie Einschulung, Schulabschluss, Studium, Arbeitsstelle usw. Wichtig sind aber vor allen Dingen die Ereignisse, die eine bleibende Spur in Ihrem Leben hinterlassen haben. Das sind die für Sie ganz persönlich sehr wichtigen Ereignisse. Es können Kleinigkeiten sein, wie Erinnerungen an schöne oder nicht so schöne kurze Momente. Das können gravierende Erlebnisse sein, wie zum Beispiel eine Trennung, der Tod eines lieben Menschen, eine besonders intensive und bereichernde Freundschaft oder eine besondere Aufgabe, die Sie gemeistert haben.

Nehmen Sie sich Zeit. Vielleicht legen Sie sich dieses Blatt an einen Ort, wo Sie sich immer wieder ungestört aufhalten können. Erinnern Sie sich möglichst detailliert an Situationen. Wie ging es Ihnen damals? Welche Gefühle hatten Sie? Ordnen Sie den Gefühlen einen Wert auf der vertikalen Gefühlsskala zu. Einen hohen Wert, wenn es Ihnen besonders gut ging, einen niedrigen Wert, wenn es Ihnen nicht so gut ging. Wenn Sie glauben, alle wichtigen Ereignisse erfasst zu haben, verbinden Sie diese Punkte zu einer Gefühlskurve.

Betrachten Sie diese Lebenslinie eingehend.

Folgende Fragen können Ihnen helfen, Kompetenzen und Muster in dieser Lebenslinie zu entdecken. Sie helfen, zu erkennen, welche Unterstützer und besonderen Fähigkeiten Sie haben:

- Welche Hoch- und Tiefpunkte überraschen Sie? Was überrascht Sie daran?
- Was war die schwierigste Situation in Ihrem Leben?
- Wie haben Sie es geschafft, Tiefpunkte und Schwierigkeiten zu überwinden? Was hat Ihnen dabei geholfen? Wer hat Sie unterstützt?
- Was war die schönste Situation in Ihrem Leben?
- Welches sind die wichtigsten und bleibendsten Erfahrungen, die Ihnen im Leben gute Dienste geleistet haben?
- Was mussten Sie sich hart erkämpfen? Wie haben Sie das geschafft? Was und wer hat Ihnen dabei geholfen?
- Was war die bisher größte Veränderung in Ihrem Leben?

- Was war die bisher größte Herausforderung in Ihrem Leben?
- Was war die bisher schönste Veränderung in Ihrem Leben?
- Was sind Erfahrungen, auf denen Sie aufbauen können?
- Wann sind Sie mit sich selbst zufrieden? Auf was sind Sie wirklich stolz in Ihrem Leben (in Ihrem Arbeitsleben, in Ihrem Privatleben)?

Die wichtigste Ressource im Kampf gegen unkontrollierte Ängste und Stress sind gute Freunde und stabile soziale Beziehungen.[5] Wer auf ein Netz aus vertrauten und ihm nahestehenden Menschen bauen kann, kann seine Belastungen reduzieren. Leider verlieren viele Menschen einstmals gute Freunde, weil sie sich keine Zeit mehr für sie nehmen. Wer immer mehr und immer länger arbeitet und dadurch versucht, dem Arbeitsdruck entgegenzuwirken, der vernachlässigt zwangsläufig gerade die Menschen, die Rückhalt geben können. Dadurch verschlimmert sich die Situation noch mehr. Vor lauter Arbeit merken wir nicht, dass uns längst unser Ehepartner und die Kinder fremd geworden sind. Erst wenn plötzlich die Scheidung ins Haus steht, ist klar, dass ein wichtiger Lebensbereich vernachlässigt wurde und nun zerstört ist. Das bedeutet zusätzlichen Stress und Verlustängste.

Hilfreicher ist es, sich aktiv um andere Menschen zu kümmern. Für sie müssen wir uns Zeit nehmen. Denn sie können in schwierigen Lebensphasen beistehen und helfen. Bei ihnen finden wir ein offenes Ohr, wenn wir Hilfe benötigen. Der Chef wird das eher selten haben. Allein das Gespräch mit einem guten Freund oder dem Partner über Ängste und Stress kann entlastend wirken. Vielleicht eröffnen uns nahe Menschen im Gespräch auch neue Perspektiven, die wir so noch nicht gesehen haben. Nehmen Sie sich deshalb ausreichend Zeit für die Pflege Ihrer sozialen Kontakte.

Auch kollegiale Kontakte sind wichtig und können unterstützen. Tragen Sie selbst zu einer angenehmen zwischenmenschlichen Atmosphäre im Arbeitsalltag bei. Kleinigkeiten wirken manchmal Wunder. Ein freundlicher Gruß, eine Nachfrage nach privaten Ereignissen, ein kleiner Small Talk beim Kaffee über nicht berufsrelevante Themen, eine kleine Aufmerksamkeit zum Geburtstag oder ein offenes Ohr für die Themen und Belange der anderen kann Entspannung in eine ansonsten anstrengende Situation bringen. Wahrscheinlich werden Sie feststellen können, dass ihre Kollegen dankbar für Ihre persönliche und offene Ansprache sind. Mit der Zeit entwickeln sich vielleicht kollegiale Verbindungen, die dazu beitragen, dass Sie sich an Ihrem Arbeitsplatz wohler fühlen.

Eine andere erfolgreiche Strategie, gegen Ängste und unkontrollierte Stressreaktionen vorzugehen, ist es, wenn wir unsere Perspektive in Bezug auf die belastende Situation wechseln. Dabei ist es hilfreich, sich gedanklich in andere Personen hineinzuversetzen und ihre Sicht zu veranschaulichen. Wie würde zum Beispiel Ihr bester Freund, Ihre beste Freundin mit der Situation umgehen? Gibt es einen Menschen, den Sie dafür bewundern, dass er in schwierigen Situationen einen kühlen Kopf behält und nur selten unter Stress gerät? Wie würde er handeln? Was würde Ihnen eine bedeutende Persönlichkeit, die Sie be-

wundern, raten zu tun? Indem wir Abstand von den immer gleichen eigenen Urteilen nehmen, schaffen wir eine
gute Voraussetzung für eine neue und andere Sicht auf die
aktuellen Ängste und den Arbeitsdruck. Vielleicht eröffnen sich dadurch, dass wir die Lage mit buchstäblich anderen Augen betrachten, völlig neue Lösungsmöglichkei-
ten. Möglicherweise trägt dieser Perspektivwechsel dazu
bei, die eigenen Bewältigungsstrategien zu erweitern. Einen Versuch ist es allemal wert.

Auch die Neubewertung der Situation ist eine gute Strategie. Manchmal hilft es, Rückschläge und Krisen als
Chance und Herausforderung zu betrachten. Dahinter
steht nicht naive und verklärte Schönfärberei einer de
facto schlimmen Lage, sondern vielmehr der Gedanke:
»Ich bin stark. Die Situation ist schwer, aber ich werde
versuchen, sie gut für mich zu bewältigen.« Im Schlechten
das Gute zu suchen, kann Kompetenzen und Kräfte mobilisieren, die nützlich sind. Diese Strategie dient letztlich
dazu, die Ängste und den Stress erträglicher zu machen.[6]
Steht wirklich einmal der Job auf dem Spiel, so hilft es,
wenn wir sagen können: »Ich verliere vielleicht meinen
Job, aber meine Familie steht zu mir. Sie ist bereit, die dadurch bedingten Einbußen unseres Lebensstandards mit-
zutragen. Unser Lebensglück hängt nicht an unserem
Haus. Gemeinsam werden wir neue Wege finden. Be-
stimmt finde ich bald einen neuen und besseren Job.
Schließlich bin ich gut und habe viel Erfahrung und Kompetenzen.«

Sammeln Sie Fakten. Analysieren Sie Ihre emotionsgela-
dene Situation bewusst nüchtern. Trennen Sie realistische
Anteile von unrealistischen Übertreibungen. An die Stelle

einer unkontrollierten Affekthandlung kann eine wohl-
überlegte Entscheidung für sinnvolle nächste Schritte treten. Betrachten Sie Ihre Situation immer wieder mit etwas
Abstand und faktenbasiert. Machen Sie einen konkreten
Handlungsplan. Planen Sie kleine, realistische und messbare Etappenziele. Trennen Sie Gerüchte von realen Gege-
benheiten. Auch hier lohnt es sich wieder, sich ein paar
Fragen zu stellen:

Ängste und Unsicherheiten – Faktencheck

- Was würde schlimmstenfalls passieren, wenn ich
  meinen Job verliere?
- Welche Erfahrungen und Kompetenzen habe ich,
  die mir helfen können, wenn ich den Job verlieren
  sollte?
- Wo bin ich gut? Worauf wird man in der Firma
  nicht so schnell verzichten wollen?
- Wie kann ich mich zusätzlich qualifizieren, um
  meinen Wert auf dem Arbeitsmarkt zu verbessern? Was muss ich dafür tun? Was kann ich über
  meine fachlichen Kompetenzen hinaus schon
  heute gut?
- Welche Aspekte meines Lebens sind von den Unsicherheiten unberührt?
- Was ist gut in meinem Leben? Was gibt mir Halt?
- Womit muss ich mich abfinden, auch wenn es un-
  angenehm ist?
- Wo kann ich etwas ändern? In was lohnt es sich,
  Energie, Kraft und Engagement zu investieren?

Ablenkung und Entspannung sind zwei weitere, äußerst wirkungsvolle Möglichkeiten, der Angst und dem Stress zumindest gelegentlich zu entrinnen. Hierzu gehört beispielsweise auch, sich von Kollegen, die sowieso nur über die schlechten Zustände klagen und jammern, fernzuhalten. Alle Schreckensszenarien, die von ihnen an die Wand gemalt werden, sind zunächst nur Spekulationen. Die Gerüchte über Personalabbau, über geplante Unternehmensverkäufe oder über anstehende Kürzungen der Bezüge wirken bedrohlich. Es sind aber erst einmal nur Gerüchte. Die Katastrophe ist noch nicht eingetreten. Bleiben Sie ruhig. Die Nähe dieser Menschen bringt zusätzlichen Stress. Meiden Sie sie und versuchen Sie, sich von bedrohlichen Gedanken abzulenken, anstatt sie zu intensivieren. Eine wunderbare Möglichkeit, sich abzulenken und dabei zu entspannen ist eine gedankliche Reise an einen schönen Ort. Diesen Kurzurlaub kann man in einer kleinen Pause jederzeit zwischendurch und überall machen. Obendrein ist er garantiert kostenfrei.

Kopfkino

Setzen Sie sich bequem auf Ihren Arbeitsstuhl, auf eine Bank in der Natur oder in Ihren Lieblingssessel zu Hause. Lehnen Sie sich entspannt zurück. Schließen Sie die Augen. Atmen Sie ein paar Mal ruhig und tief ein und aus. Reisen Sie jetzt in Gedanken an einen schönen Ort. Vielleicht wählen Sie Ihren Lieblingsplatz am Meer im Urlaub. Vielleicht reisen Sie auch an einen ganz anderen Ort oder malen sich fantasievoll einen Ort aus, den Sie noch nicht kennen. Hauptsache, Sie mögen diesen Ort und fühlen sich dort wohl. Stellen Sie sich diesen Ort in allen Farben vor. Was sehen Sie? Egal, ob Sie Blumen, das Meer, Berge, eine Stadt oder sonst etwas anderes sehen, genießen Sie den Anblick in allen Facetten. Welche Geräusche hören Sie an Ihrem Lieblingsort? Ist es die Meeresbrandung, Vogelgezwitscher, das Rauschen von Blättern im Wind, das Stimmengewirr auf einem belebten Platz, oder ist es ganz einfach angenehm still um Sie herum? Hören Sie den Geräuschen aufmerksam zu. Versuchen Sie jetzt die Gerüche Ihres Urlaubsortes zu erkunden. Welche Gerüche entdecken Sie? Woran erinnern sie Sie? Welche Empfindungen begleiten Sie auf dieser Reise? Wie fühlen Sie sich im Augenblick? Sind Sie glücklich, zufrieden, ausgelassen, fröhlich oder einfach nur innerlich ruhig? Bleiben Sie einen Moment in dieser Stimmung. Genießen Sie sie. Merken Sie, wie Sie immer mehr in eine entspannte und angenehme Stimmung kommen? Spüren Sie, wie Ihre Gesichtszüge sich entspannen, wie vielleicht ein Lächeln auf Ihr Gesicht kommt? Genießen Sie diese wunderbare Auszeit noch einen Moment. Bleiben Sie noch etwas an Ihrem Lieblingsort. Atmen Sie jetzt ein paar Mal tief ein und aus. Öffnen Sie die Augen wieder. Recken und Strecken Sie sich, wenn Sie mögen. Kommen Sie zurück ins Hier und Jetzt.

Tipps für den Umgang mit Angst und Unsicherheit

■ Nehmen Sie Sorgen und Ängste ernst. Verdrängen Sie sie nicht. Nehmen Sie Ihre Ängste an.

■ Analysieren Sie Ihre Gefühle und Empfindungen. Führen Sie ein Gedanken- und Gefühlsprotokoll. Die eigenen Empfindungen zu kennen eröffnet Spielräume für einen kontrollierten Umgang damit.

■ Erkennen Sie Ihre Ressourcen und Bewältigungskompetenzen. Schauen Sie sich Ihre bisher größten Veränderungen und Herausforderungen im Leben an, die Sie gemeistert haben. Überlegen Sie, was und wer Ihnen geholfen hat, sie zu bewältigen, und welche dieser Kompetenzen Ihnen jetzt helfen könnte.

■ Überprüfen Sie Ihre Ängste und Ihren Stress. Sammeln Sie Fakten. Trennen Sie Wahres von Vermutungen und Gerüchten. Schätzen Sie die Situation realistisch ein. Machen Sie einen Handlungsplan. Setzen Sie sich kleine, realistische und messbare Etappenziele.

■ Entscheiden Sie, welche Situationen Ihnen guttun. Vermeiden Sie Situationen, die Ihnen nicht guttun. Manchmal können Sie sie nicht vermeiden, aber in vielen Fällen gibt es Entscheidungsmöglichkeiten und Handlungsalternativen.

■ Entscheiden Sie sich, Ihr Leben aktiv zu gestalten. Treffen Sie selbst die Entscheidungen darüber. Geben Sie nicht anderen die Macht dazu. Nutzen Sie Ihre Spielräume.

■ Betrachten Sie Ihre Ängste und Sorgen aus einem neuen und anderen Blickwinkel. Suchen Sie das Gute im Schlechten. Betrachten Sie Rückschläge als Herausforderung. Das macht die Situation erträglicher und hilft, neue Einsichten zu gewinnen.

- Geben Sie sich die Chance, trotz großer Belastung die angenehmen Seiten des Lebens zu genießen. Steigen Sie regelmäßig aus dem Hamsterrad aus. Legen Sie Ihre Ängste symbolisch vor die Tür. Sie werden am nächsten Tag auch noch da sein.

- Suchen Sie neue Perspektiven. Überlegen Sie, wie ein guter Freund, ein Mensch, den Sie für seine Gelassenheit im Umgang mit Stresssituationen bewundern, oder sonst ein für Sie wichtiger Mensch mit Vorbildfunktion sich verhalten würde. Betrachten Sie Ihre Situation mit anderen Augen. Das vergrößert Ihr Spektrum an Bewältigungsstrategien.

- Suchen Sie sich professionelle Beratung und Hilfe, wenn die Angst und der Druck zu groß werden und Sie alleine keine Handlungsmöglichkeiten mehr finden.

- Achten Sie auf Warnsignale Ihres Körpers. Nehmen Sie sie ernst. Nehmen Sie ärztliche Hilfe in Anspruch, wenn Sie Veränderungen Ihres Körpers bemerken, die bedrohlich sind.

- Überlegen Sie sich, wofür es sich wirklich lohnt, Kraft und Energie aufzubringen? Wo können Sie etwas verändern? Werden Sie an diesen Stellen aktiv.

- Erkennen Sie auch, wo Sie nichts verändern können. Investieren Sie hier keine Energie. Lernen Sie, dies zu akzeptieren und sich damit abzufinden, auch wenn es schwerfällt.

- Pflegen Sie Freundschaften und familiäre Kontakte. Sie können Ihnen in schwierigen Situationen Rückhalt geben. Reden Sie mit diesen Menschen über Ihre Sorgen und Ängste. Das befreit und ermöglicht eine neue Betrachtungsweise.

■ Sorgen Sie für eine angenehme kollegiale Atmosphäre. Nutzen Sie jede Gelegenheit für einen freundlichen Gruß, einen kurzen Small Talk über nicht berufsrelevante Themen, ein kleines Lob oder eine Frage nach persönlichen Belangen.

■ Hören Sie aufmerksam zu, wenn Ihnen jemand anderes von seinen Sorgen und Ängsten erzählt. Geben Sie ihm das Gefühl von Wertschätzung und Annahme.

■ Halten Sie sich von »Schwarzsehern« und jammernden Kollegen fern. Suchen Sie stattdessen die Nähe von optimistischen und planvoll agierenden Menschen.

■ Lenken Sie sich von Ihren Ängsten und Sorgen ab. Entspannen Sie regelmäßig. Verbinden Sie Ablenkung und Entspannung. Machen Sie regelmäßig Kopfkinoübungen. Das entspannt, lenkt ab und beruhigt.

■ Nutzen Sie regelmäßig Auszeiten für schöne Unternehmungen. Schärfen Sie Ihre Sinne. Das eröffnet neue Genussmöglichkeiten und geht in der freien Natur am besten. Gleichzeitig werden Sie empfindsamer für Warnsignale Ihres Körpers.

■ Verlassen Sie das Feld, wenn es unerträglich wird. Manchmal ist eine radikale Veränderung die einzige Möglichkeit. Unter Umständen heißt das, zu kündigen, ohne einen neuen Job in Aussicht zu haben. Vertrauen Sie darauf, dass Sie neue Wege finden werden.

■ Wenn die Arbeitsbedingungen unzumutbar geworden sind, sollten und dürfen Sie für bessere Bedingungen kämpfen. Sie müssen nicht alles aushalten. Sie dürfen sich auch verweigern, wenn die Zustände zu schlimm werden. Zeigen Sie die Rote Karte, bevor es zu spät ist.

Burnout
Arbeit ist nicht alles im Leben

*»Du kannst die Wellen nicht anhalten,
aber du kannst lernen zu surfen.«*
Joseph Goldstein

Brandherd Arbeit

Gesundheitsorganisationen und Krankenkassen sind sich einig: Psychische Erkrankungen aufgrund von Arbeitsbelastungen nehmen unverändert zu. Obwohl der Krankenstand im Jahr 2010 stagnierte, sind psychische Erkrankungen und die dadurch bedingten Ausfallzeiten gegen den Trend deutlich gestiegen. Der Gesundheitsbericht 2011 der Techniker Krankenkasse weist eine Steigerung um 57 Prozent zwischen dem Jahr 2000 und dem Jahr 2010 aus.[1] Zunehmend häufiger wird die Diagnose Burnout gestellt. In einer Analyse des wissenschaftlichen Instituts der AOK (WIdO) wurde festgestellt, dass die Krankheitstage wegen einer Burnout-Erkrankung zwischen 2004 und 2010 um das 9-fache zugenommen haben.[2] Da Burnout kein einheitliches Krankheitsbild aufweist, ist außerdem von einer hohen Dunkelziffer nicht klar diagnostizierter Fälle auszugehen.

Was erleben Menschen, die einen Burnout erleiden, und wie kommt es dazu? Stellen Sie sich als Beispiel für einen möglichen Verlauf eine junge, gut qualifizierte Frau (es könnte selbstverständlich auch ein Mann sein) vor, die in einer großen Beratungsfirma arbeitet. Die Anforderungen dort sind sehr hoch. Es wird erwartet, dass sie ihrem Beruf höchste Priorität einräumt. Sie investiert viel Energie, Kraft und Zeit in ihre Arbeit und verzichtet weitgehend auf ihr Privatleben. Das fällt ihr zunächst nicht schwer. Der Job macht Spaß und die Aussicht auf eine schnelle und steile Karriere treibt sie an. Erste Erfolge stellen sich bald ein. Die Freude darüber spornt sie an, mit großem Engagement weiterzumachen. Schleichend und von ihr selbst zunächst unbemerkt, schwinden ihre Kräfte. Es wird schwerer, die nötige Energie für den Arbeitsmarathon aufzubringen. Nach und nach merkt sie ihre Kraftlosigkeit, will es aber nicht wahrhaben. Aus Angst vor Niederlagen versucht sie die letzten Energiereserven zu mobilisieren und gibt alles, denn sie möchte keine Schwächen zeigen. Schließlich steht ihre Karriere auf dem Spiel. Die Kollegen und der Chef dürfen nichts merken. »Bloß keine Fehler machen. Das kann ich mir jetzt nicht erlauben«, denkt sie sich und kämpft mit immer größerer Anstrengung um ihren Erfolg. Inzwischen gönnt sie sich gar keine Auszeit mehr. »Bald ist Wochenende. Da kann ich endlich mal ungestört arbeiten«, das ist ihre Hoffnung. Die Situation wird immer bedrohlicher. Sie kommt an ihre Grenzen, kann sich nur noch schwer konzentrieren, kann kaum noch einen klaren Gedanken fassen, macht Fehler und erntet dafür herbe Kritik von ihrem Chef. Ihr Partner zu Hause fühlt sich währenddessen zunehmend vernachlässigt und es kommt immer wieder zu Streit. Von ihren

Kollegen erhält sie keine Unterstützung. Die kämpfen selbst mit harten Bandagen in ihrem Job. Sie fühlt sich mehr und mehr unverstanden. Sogar private Kontakte sind ihr nur noch lästig. Sie zieht sich immer mehr zurück und reagiert häufig gereizt, zornig und zynisch auf ihre Mitmenschen. Kunden, die sie immer als überaus serviceorientiert und freundlich erlebt haben, behandelt sie aufbrausend und unwirsch. Ein Teufelskreislauf kommt in Gang. Ihre Stimmung ist trüb und deprimiert. Sie wird zunehmend schwermütig. Gelacht hat sie schon lange nicht mehr, scheinbar grundlos geweint dafür oft. Ihr ganzes Leben erscheint ihr als gescheitert und sinnlos. Der Körper reagiert immer stärker. Sie schläft schlecht, hat nächtliches Herzrasen und Schweißausbrüche, starke Rückenschmerzen und bekommt häufig Infekte unterschiedlichster Art. Eines Tages sind die Akkus endgültig leer. In einem Meeting wird ihr schwarz vor Augen und sie bricht zusammen.

So oder ähnlich entwickelt sich der oft sehr lange und schleichende Prozess bis hin zum endgültigen Burnout. Dieser Prozess ist schlimm und äußerst leidvoll für die Betroffenen. In der Endstufe kann Burnout sogar lebensbedrohlich werden.

Gefährdete Menschen sind anfangs äußerst leistungsbereit und engagiert. Das ist verständlich, wenn die Arbeit Spaß macht und Freude bereitet. Oft sind es aber gerade diejenigen, die mit großem Engagement und hoch motiviert in den Burnout rasen. Prominente Beispiele gibt es mittlerweile genug. Wer für seinen Job brennt, kann auch ausbrennen.

Sind die Arbeitsbedingungen gut, so müssen großes Engagement und sehr hohe Leistungsbereitschaft allerdings nicht zwangsläufig zum Burnout-Prozess führen. Das zeigen viele Menschen, die sich stark und zeitintensiv für eine Sache, für ein Thema oder für ihren Beruf einsetzen und dennoch zufrieden, gesund und ausgeglichen sind. Sie sind mit sich und dem, was sie tun, im Einklang. Aber zunehmend mehr Menschen stehen im Arbeitsleben auch unter einem nicht selbst gewählten, enorm hohen Leistungsdruck. Privatleben und Beruf vermischen sich dabei immer mehr. Es fällt schwer, die nötigen Grenzen zu ziehen. Irgendwann sind innere und äußere Welt nicht mehr im Einklang. Der Burnout-Prozess kann seinen Lauf nehmen.

Burnout kann jeden treffen, aber nicht alle, die hohe Anforderungen meistern müssen, brennen aus. Woran liegt das? Jeder von uns hat im Laufe seines Lebens sehr unterschiedliche Erfahrungen im Umgang mit schwierigen und belastenden Situationen gemacht. Auf Anforderungen reagieren wir sehr verschieden. Was den einen beeinträchtigt, strapaziert den anderen noch lange nicht. Der eine hat gelernt, gut mit Belastungen umzugehen, der andere hat nur wenig positive Erfahrungen mit Stress gemacht. Genauso unterschiedlich sind die eigenen Ansprüche, die wir an uns selbst stellen. Auf der einen Seite gibt es Menschen, die ständig überhöhte Leistungsansprüche haben. Selbstbestätigung suchen sie nahezu ausschließlich im beruflichen Umfeld. Andererseits gibt es Menschen, die ihre Bestätigung nicht nur aus beruflichem Erfolg ziehen. Sie engagieren sich beispielsweise neben ihrem Beruf im sozialen Bereich, pflegen intensiv ein Hobby oder genießen einfach ihre Freizeit zusammen mit Freunden und Familie. Niemals ist ein von Burnout Betroffener aber selbst schuld an seiner Misere.

Nicht nur unsere Einstellungen und Erfahrungen beeinflussen unsere Anfälligkeit für einen Burnout. Neben unserer Innenwelt spielt auch die Außenwelt eine immer größere Rolle. Mittlerweile sind extrem belastende Arbeitsbedingungen eine Hauptursache für die Zunahme von Burnout-Erkrankungen im Berufsleben. Nicht die Menschen sind dünnhäutiger und anfälliger, sondern die Arbeit ist belastender geworden. Längst klafft eine Lücke zwischen den Bedürfnissen der Mitarbeiter und den an sie gestellten Anforderungen am Arbeitsplatz. Immer mehr Beschäftigte fühlen sich nicht ausreichend anerkannt und vermissen Wertschätzung. »Nichts gesagt ist genug gelobt«, das ist das Motto vieler Chefs. Immer mehr, immer schneller und von überall aus andauernd arbeiten, das lässt keinen Raum für den nötigen Ausgleich. Druck und Angst, ganz besonders Angst vor dem Verlust des Arbeitsplatzes, bedeuten Stress. Zeitlich befristete Arbeitsverhältnisse, häufig wechselnde Projekte mit immer neuen Teamkollegen und nur noch wenig zwischenmenschliche Nähe beeinträchtigen das Zugehörigkeitsgefühl. Da hilft selbst die beste Bewältigungskompetenz nicht. Das alles hat Folgen. Der Körper hält diese Belastungen auf Dauer nicht aus.

Mediziner, Krankenkassen und Gesundheitsorganisationen sehen das glücklicherweise inzwischen auch so. Sie weisen deutlich auf einen Zusammenhang zwischen der Zunahme von Burnout-Diagnosen und der Verschlechterung der Arbeitsbedingungen hin. Burnout im Arbeitsleben ist kein individuelles Problem, sondern ein Problem der heutigen Arbeitswelt. Führende Wissenschaftler, darunter auch der renommierte Hirnforscher Gerald Hüther, beurteilen Burnout längst als berufliches Problem, das als der gravierendste Arbeitsunfall unserer Zeit angesehen werden kann.[3]

Trotz Kosten in Milliardenhöhe für Arbeitsausfälle aufgrund von Burnout-Erkrankungen findet ein Umdenken in den Unternehmen bisher leider kaum statt. Die Reaktion der Unternehmen beschränkt sich oftmals auf Angebote wie beispielsweise Gesundheitstage oder Stressbewältigungsseminare. Im Fokus der Veränderung steht dabei der Mitarbeiter. An den Arbeitsbedingungen selbst ändert sich dadurch nichts. Fällt ein Mitarbeiter wegen Burnout aus, wird schnell zur Tagesordnung übergegangen. Es wird nicht thematisiert, dass es einen Kollegen oder Mitarbeiter schlimm erwischt hat. Niemand fragt nach. Keiner äußert sich dazu. Alle strampeln einfach einen Gang schneller im Hamsterrad, um die Lücke zu schließen. Das ist unmenschlich.

Es bleibt uns momentan nichts anderes übrig, als uns selbst um eine gute innere Balance und um unser Wohlbefinden zu kümmern. Die Außenwelt können wir leider nicht verändern. Wie wir mit den widrigen äußeren Umständen umgehen, darauf haben wir allerdings Einfluss. Ein wichtiger Punkt dabei ist eine ausgeglichene Energiebilanz für alle Lebensbereiche. Gefährlich ist der Burnout-Prozess besonders deswegen, weil die betroffenen Menschen ihn viel zu lange verdrängen. Sie investieren immer mehr Energie, ohne diese an anderer Stelle wieder aufzutanken. Von innen und außen getrieben, merken sie nicht, wie gefährlich die Situation längst ist. Es ist nützlich, die eigene Lebenssituation immer wieder einer kritischen Prüfung zu unterziehen und dabei auf eine ausgeglichene Energiebilanz zu achten. Die folgende Übung kann dabei helfen.

Energie in Balance

Ein gelungenes Wechselspiel zwischen Anspannung und Entspannung, zwischen Erholung und Aktivität bringt uns und unseren Energiehaushalt ins Gleichgewicht. Eine ausgewogene Lebensführung, die sowohl den Energie zehrenden Anteilen als auch den Energie stiftenden Anteilen Raum gibt, hilft uns, unser Gleichgewicht zu erhalten. Vier Lebensbereiche sind dafür wichtig:

Existenzgrundlagen – Beruf, Zuhause, Finanzen;

Soziales – Familie, Freunde, Partnerschaft, soziale Kontakte;

Gesundheit – Bewegung, Ernährung, Schlaf, Regeneration;

Freizeit – Kultur, Hobby, Reisen, Neues.

- Ziehen Sie regelmäßig Bilanz über Ihre Lebensbereiche. Schreiben Sie auf, welche Lebensbereiche Sie zurzeit aktiv gestalten.
- Schreiben Sie nun auf, wie viel Zeit Sie in diese Bereiche investieren (pro Tag, pro Woche und/ oder pro Monat). Zur besseren Veranschaulichung können Sie auch einen Kreis aufmalen und ihn wie einen Kuchen in Stücke teilen, je nach Zeitvolumen größere oder kleinere Stücke. Alternativ können Sie auch vier Schalen mit unterschiedlich großen Steinen füllen.
- Überlegen Sie jetzt, wie viel Energie Ihnen diese Bereiche entziehen beziehungsweise wie viel

Energie Sie aus diesen Bereichen schöpfen. Ziehen Sie pro Bereich Bilanz und überprüfen Sie, ob Sie mit der aufgewendeten Zeit einen Energieverlust oder einen Energiegewinn realisieren. Schreiben Sie es für jeden Bereich auf. Falls Sie die grafische Kreisdarstellung gewählt haben, kennzeichnen Sie die Lebensbereiche farbig verschieden. Wenn Sie die Steinschalen gewählt haben, kennzeichnen Sie Ihre Schalen jeweils unterschiedlich, beispielsweise durch Hinzufügen andersfarbiger Steine.

■ Betrachten Sie Ihr Ergebnis und überlegen Sie, in welchen Lebensbereichen und wie genau Sie dort Energie sparen oder Energie gewinnen können. Streben Sie eine insgesamt ausgeglichene Energiebilanz an. Nehmen Sie sich konkrete Veränderungen vor. Planen Sie kleine und realisierbare Maßnahmen, zum Beispiel an einem Tag in jeder Woche schon um 17 Uhr Feierabend machen und nach einem schönen Essen tanzen gehen.

Neuprogrammierung im Kopf

Lebensgenuss und positive Lebensgestaltung sind die beste Prophylaxe.[4] Mitten in einem Burnout-Prozess gelingt gerade das nicht mehr. Wir stehen unter extremer Stressbelastung und können nicht mehr lustvoll unser Leben genießen. Daran können wir aber nur dann etwas ändern, wenn wir mit klarem Verstand über uns, unsere Situation und das, was wir vielleicht anders machen sollten, nachdenken. Genau dazu sind wir in einem Burnout-Prozess nicht in der Lage. Unser Gehirn ist gerade dann ganz und gar nicht darauf eingestellt, kreativ und geistreich vielfältige Ideen zu entwickeln. Es hat in den Kampf- oder Fluchtmodus umgeschaltet und betrachtet unsere innere Situation als einen Notfall. Die übermäßige Ausschüttung von Stresshormonen bringt unseren Hormonhaushalt aus dem Gleichgewicht. Für den akuten Notfall würde es uns helfen, weglaufen oder kämpfen zu können. Mit Kampf oder Flucht finden wir aber niemals einen Weg aus dem Burnout-Prozess.

Das Ungleichgewicht unseres Hormonhaushalts beeinträchtigt und verkleinert unter Umständen sogar bestimmte Hirnregionen, die wir für klare und gute Denkleistungen brauchen. Dagegen vergrößert sich im Mittelhirn das sogenannte »Furchtzentrum« (Amygdala). Hier nimmt die Zahl der Nervenverbindungen zu.[5] Wir reagieren zunehmend emotional und reizbezogen, anstatt klar, kreativ und zielgerichtet zu denken. Unser Erinnerungsvermögen leidet, unsere Wahrnehmung verändert sich und unsere Gedanken sind von Selbstzweifeln durchzogen. Gerade jetzt, wo wir unseren klaren Verstand brauchen, ist er hormonell bedingt stark eingeschränkt.

Stressreduzierung durch ein gutes Stressmanagement steht deshalb an allererster Stelle, wenn wir Wege aus dem Burnout-Prozess finden oder ihm erst gar keine Chance geben wollen. In Eigenregie schaffen wir das aber nur vorbeugend oder in einem frühen Stadium des Prozesses. Ist der Prozess weiter fortgeschritten, brauchen wir dringend therapeutische und medizinische Hilfe.

Natürlich können wir Stress nicht einfach abschaffen. Ein Leben ohne Belastung wird es nie geben. Wir können aber lernen, dem Stress seine gefährliche Wirkung zu nehmen. An erster Stelle steht dabei die hormonelle Beruhigung. Erst wenn unser Hormonhaushalt wieder ausgeglichen ist, können wir weitere Maßnahmen zur Bewältigung gefährlicher Burnout-Prozesse in Angriff nehmen.

Drei Maßnahmen sind ganz besonders wirkungsvoll und hilfreich. Zuallererst müssen wir wieder für regelmäßigen, ausreichenden und guten Schlaf sorgen. Im Schlaf können Gehirn und Körper regenerieren und neue Energie aufbauen. Unser Geist braucht diese Erholung besonders dringend, um die vielen Reize und Informationen, die wir über Tag aufnehmen, sinnvoll sortieren, ordnen und abspeichern zu können. In einem Burnout-Prozess strömen viel zu viele und sehr belastende Signale auf uns ein. Ohne geistige Ruhe, wie sie idealerweise im Schlaf gefunden werden kann, sind wir bald schon nicht mehr fähig, uns zu konzentrieren, und machen Fehler. Die mit einem Burnout-Prozess verbundenen Schlafstörungen lassen sich nicht immer alleine bewältigen. Professionelle Hilfe von speziell dafür ausgebildeten Schlafmedizinern ist dann ratsam.

Bewegung ist eine andere äußerst wirkungsvolle Maßnahme, mit Stress umzugehen. Das klingt zunächst paradox. Wie sollen wir entspannter werden, wenn wir uns zusätzlich zu unserer übergroßen mentalen Belastung auch noch körperlich belasten? Wäre es nicht besser, wenn wir einfach auf der Couch faulenzen würden? Nein, denn das Gehirn programmiert unseren Körper unter Stress auf körperliche Leistung. Wir merken das an einem erhöhten Herzschlag, stärkerer Muskelspannung und schnellerer Atmung. Wenn wir uns dann tatsächlich bewegen, werden die Stresshormone wieder abgebaut. Das hormonelle

Gleichgewicht kann sich wieder einstellen. Leichte Ausdauerbewegung mehrmals pro Woche für mindestens eine halbe Stunde reicht dafür völlig aus. Langsames Joggen, schwimmen, Fahrrad fahren oder einfach ein zügiger Spaziergang helfen, die hormonelle Balance wieder aufzubauen. Ganz nebenbei hellt sich unsere Stimmung auf. Das Gehirn produziert Glückshormone (Endorphine) anstelle von Stresshormonen. Es geht uns wieder besser.

Entspannungstechniken sind eine weitere Möglichkeit, die gefährliche Wirkung von Stress einzudämmen. Es gibt eine Vielzahl von Methoden. Aus der Anti-Stress-Therapie stammt die nachfolgend beschriebene Kohärenzübung, die eine nachgewiesene positive Wirkung auf unser Nervensystem hat. Das Nervensystem besteht aus einem aktivierenden Teil (Sympathikusnerv) und einem beruhigenden Teil (Parasympathikusnerv). Sind beide in einem ausgeglichenen und stabilen Verhältnis zueinander, beruhigt sich unser Herzschlag. Der ruhigere Herzschlag wird dem Gehirn mitgeteilt. Es schaltet um und agiert unaufgeregter. Die Hirnleistung verbessert sich unmittelbar. Kohärenz bedeutet, dass Herz und Hirn sich auf diese Weise miteinander abstimmen. Ganz besonders eine ruhige Ausatmung trägt dazu bei, dass sich die Kohärenz über einen niedrigeren Herzschlag einstellen kann. Wer die folgende Übung täglich für einige Minuten durchführt, unter großem Stress auch mehrmals täglich, entspannt sich und seinen Körper auf natürliche Weise schon nach wenigen Wochen.[6]

Kohärenzübung

Setzen Sie sich so auf einen Stuhl, dass die Wirbelsäule frei ist und keinen Kontakt zur Lehne hat. Spüren Sie Ihre Sitzfläche und legen Sie Ihre Hände auf Ihre Oberschenkel. Die Schultern sinken locker nach unten und der Bauch ist möglichst entspannt. Wenn Sie mögen, schließen Sie jetzt die Augen. Atmen Sie ganz ruhig aus. Danach atmen Sie ein und achten dann wieder besonders auf eine lange, tiefe und ruhige Ausatmung. Wiederholen Sie dies ein paar Mal. Achten Sie dabei immer wieder ganz besonders auf eine ruhige und sehr tiefe Ausatmung.

Nach einer kleinen Pause wiederholen Sie die Übung für einige Minuten. Jetzt achten Sie aber weniger bewusst auf die Ausatmung. Ihre Atmung läuft nun von ganz alleine in entspannter Weise. Stellen Sie sich jetzt etwas Schönes vor. Das muss nichts Besonderes sein. Einfach etwas, dass Ihnen gefällt und das Sie schön finden. Das kann ein kleines Erlebnis sein, eine schöne Blume, ein angenehmer Ort oder sonst irgendetwas Angenehmes. Machen Sie das für mehrere Minuten. Kehren Sie danach zurück zu dem, was Sie zuvor gemacht haben.

Wenn wir nach einer Weile vielleicht durch diese Maßnahmen wieder zu mehr innerer Ruhe und Gelassenheit gefunden haben, können wir anfangen, unser positives Lebensgefühl neu aufzubauen. Auch dabei hilft uns unser Gehirn gerne. Es ist nämlich ein wahres Genussorgan und

arbeitet ganz besonders dann gut, wenn wir uns wohlfühlen. Dafür hat es so etwas wie eine hirneigene Beloh-
nungs- und Glückszentrale. Immer dann, wenn es uns gut
geht, wenn wir erfolgreich sind oder auch nur Erfolg erwarten, schaltet sich diese Glückszentrale ein. Wir können
auch von einer hirneigenen Rauschzentrale sprechen.
Denn hier werden verschiedene Hormone produziert, die
positive Gefühle erzeugen, uns beflügeln und die uns in
einen dem Rausch ähnlichen Zustand versetzen können.
Wir empfinden Freude, Zufriedenheit und Genuss. Das
spornt uns an und macht uns aktiv. Wir werden leistungsfähig. Druck, Stress, Angst, scharfe Kritik und die An-
drohung vom Verlust des Arbeitsplatzes führen dagegen
dazu, dass sich diese wunderbare Hirnregion ausschaltet.
Wir fühlen uns schlecht, sind demotiviert und sind nur
noch eingeschränkt leistungsfähig. Genau das passiert in
einem Burnout-Prozess. Unsere Glückszentrale stellt ihren Betrieb ein. Die Strukturen in unserem Gehirn, die auf
Gefahren reagieren und Stressreaktionen auslösen, übernehmen dagegen die Regie.

Glücklicherweise ist unser Gehirn äußerst lernfähig und
wandlungsbereit. Je nachdem, welche Erlebnisse und Erfahrungen wir machen, verändert es seine Architektur immer wieder und gestaltet sich neu. Immer wenn wir etwas
neu und anders machen, erweitert sich das neuronale Netz
in unserem Kopf. Auch Glück, Zufriedenheit, Freude und
Wohlbefinden können wir auf diese Weise neu erlernen.[7]
Wenn uns gute Gefühle in einem Burnout-Prozess abhan-
dengekommen sind, müssen wir sie wieder neu für uns
entdecken. Indem wir bewusst darauf achten und unseren
Fokus auf das für uns Positive lenken, verändern sich die
internen Bewertungsprozesse. Ein erster Schritt kann sein,

ein Tagebuch schöner Erlebnisse zu führen. Darin können wir jeden Tag oder wenigstens einmal pro Woche aufschreiben, was wir Gutes und Schönes erlebt haben. Davon gibt es auch in den belastendsten Phasen und den größten Krisen unseres Lebens etwas. Mal ist es der ganz große Erfolg, mal sind es auch nur die vielen kleinen Begebenheiten, die uns guttun – zum Beispiel ein gutes und einfühlsames Gespräch. So verändert sich mit der Zeit unser Gehirn. Es filtert aus den zahlreichen äußeren Reizen immer häufiger die für uns guten Signale heraus und schenkt ihnen besondere Aufmerksamkeit. Das wiederum aktiviert unsere hirneigene Glückszentrale. Das für Gefühle zuständige Mittelhirn steuert diese Prozesse. Gefühle bestimmen letztlich unser Verhalten. Wenn wir also üben, das, was uns guttut, in den Mittelpunkt unserer Gedanken zu stellen, können wir nach und nach etwas anders machen als bisher. Je häufiger neues Verhalten zu besseren Gefühlen führt, desto stabiler und dicker werden dadurch die entsprechenden Verschaltungen in unserem Gehirn. Es fällt immer leichter, sich für das eigene Wohl zu entscheiden.

Auch wenn wir oft glauben, dass wir keine Wahl haben, so treffen wir dennoch tagtäglich eine Fülle von Entscheidungen. Wir entscheiden beispielsweise, wann, ob und für wen wir erreichbar sind. Wir entscheiden auch, ob wir regelmäßig Feierabend machen oder nicht. Wir können uns auch entscheiden, etwas nicht zu machen. »Das mache ich jetzt nicht« ist eine wichtige Entscheidung, gerade in einem Burnout-Prozess. Überlegen Sie doch einmal, was Sie in letzter Zeit durch Nichtentscheiden alles haben laufen lassen. Wie oft haben Sie einfach so weitergemacht wie bisher, ohne darüber nachzudenken, ob und wie Sie sich anders entscheiden können? Wann haben Sie das letzte Mal voller Überzeugung und mit gutem Gewissen »Nein« gesagt? Gute Leistung entsteht nicht dadurch, dass wir immer mehr von dem machen, was uns letztlich schadet. Ein wichtiger Schritt ist es, uns von den in unser Gehirn eingebrannten Gedankenroutinen zu verabschieden. Denn es sind nicht nur die Arbeitsbedingungen, die uns in den Burnout treiben, es ist auch unser Denken darüber, was uns eigentlich wichtig ist im Leben. Glaubenssätze, wie »Ich kann doch nicht ...«, »Ich muss aber ...«, »Ich hab doch keine Wahl«, »Ich darf keine Fehler machen«, »Ich muss das schaffen«, das alles sind Gedanken mit großer Bremswirkung.

Wir können uns für ein gutes Leben entscheiden und gerade deshalb leistungsstark sein. Dafür müssen wir uns selbst, unser Wohlbefinden und unsere Gesundheit auf die erste Position unserer Prioritätenliste setzen. Wir können und müssen uns entscheiden, achtsam mit uns selbst umzugehen, wenn wir dem Burnout keine Chance geben wollen.

Wenn wir glauben, den falschen Job zu haben, wenn wir uns überfordert oder sogar unterfordert fühlen, dann kann auch das in Verbindung mit hohen Arbeitsbelastungen einen Burnout-Prozess begünstigen. Dann sollten wir darüber nachdenken, ob wir eine berufliche Veränderung realisieren können. Erst wenn wir tun, was zu uns passt, können wir unsere Arbeit als Quelle positiver Gefühle erleben.

Der Glücksforscher Mihaly Csikszentmihalyi fand heraus, dass ein Mensch, wenn er in einer Tätigkeit völlig aufgeht, einen sogenannten Flow-Zustand erleben kann.[8] Das ist ein optimaler Leistungszustand, der mit so starken positiven Gefühlen verbunden ist, dass wir darüber in völliger Selbstvergessenheit das Gefühl für Raum und Zeit verlieren. Voraussetzung dafür ist, dass wir unsere Stärken und unsere Fähigkeiten auf ideale Weise einsetzen können. Die Aufgaben dürfen nicht zu schwierig und nicht zu leicht sein. Wir müssen uns von ihnen herausgefordert fühlen, gerade so sehr, dass wir ihnen noch gewachsen sind. Passen unsere Fähigkeiten zu den von der Arbeit an uns gestellten Anforderungen, so arbeiten wir mit guten Gefühlen. Die Glückszentrale unseres Gehirns schaltet sich ein und überschwemmt unseren Körper mit Glückshormonen. Sie beflügeln uns und lassen es uns gut gehen bei der Arbeit. Alles Wichtige wird mit äußerster Klarheit wahrgenommen, alles Unwichtige bleibt unbeachtet.

Viele Menschen tun leider tagtäglich etwas, das gar nicht zu ihnen passt. Das kann extrem belastend sein. Es macht deshalb Sinn, sich über die eigenen Fähigkeiten, Wünsche, Werte und Stärken klar zu werden. Vielleicht entdecken wir dadurch völlig neue Perspektiven für uns. Natürlich kann nicht jeder einfach seinen Job aufgeben und etwas ganz anderes machen. Geradlinige Berufsbiografien werden aber immer seltener. Das bietet Chancen auf Veränderung. Manchmal zwingt uns auch der Verlust des Jobs, uns beruflich neu zu orientieren. Auch das kann eine Chance sein, endlich das zu tun, was zu uns passt. Vielleicht eröffnet uns eine Zusatzqualifikation neue Perspektiven. Unter Umständen haben wir auch die Gelegenheit zum Wechsel innerhalb des Unternehmens. Möglicherweise entdecken wir aber auch Wege, tatsächlich etwas ganz Neues zu beginnen. Es muss ja nicht sofort sein. Schon die Perspektive auf positive Veränderung erleichtert momentane Belastungen. Es gibt immer wieder Spielräume, sogar dann, wenn

wir momentan beruflich keine Änderung realisieren können. Dann entlastet es uns unter Umständen, wenn wir in
unserer Freizeit etwas tun, das ganz und gar unseren Vorlieben und Fähigkeiten entspricht.

Hierfür müssen wir wissen, was genau unsere Fähigkeiten, Stärken, Bedürfnisse und Werte sind. Erst dann können
wir finden, was zu uns passt. Folgende Fragen zur Selbstreflexion können bei der Auseinandersetzung mit dem, was
wir können, was uns wichtig ist und was wir gerne machen,
helfen. Manchmal ist auch professionelle Begleitung durch
einen Coach oder Berater hilfreich und sinnvoll.

Stärken und Fähigkeiten aufspüren

- Was kann ich so gut, dass ich anderen Menschen
  darüber etwas beibringen könnte?
- Was konnte ich schon früher richtig gut?
- Worüber werde ich um Rat gefragt?
- Was kann ich besser als andere?
- Was war einmal mein Traumberuf, meine Traum-
  tätigkeit?
- Was wäre mein Traumberuf, wenn ich heute noch
  einmal wählen könnte?
- Was macht mir richtig Freude?
- Was könnte ich jeden Tag tun, ohne es leid zu
  werden?
- Was möchte ich einmal von Herzen gerne auspro-
  bieren?
- Was möchte ich gerne können, was ich noch nicht
  kann?

■ Was würde ich bereuen, nicht getan, versucht
  oder erreicht zu haben, wenn ich mir vorstelle, an
  meinem Lebensende auf mein Leben zurückzu-
  blicken?

■ Was würde ich heute am liebsten tun, wenn ich
  wüsste, dass alles, was ich mache, gelingen wird?

■ Was ist mir wirklich wichtig im Leben?

■ Wonach strebe ich in meinem Leben? (Beispiele:
  Anerkennung, Bewunderung, Ruhm, Ehre, Reich-
  tum, Sicherheit, Unabhängigkeit, Macht, Respekt,
  soziales Engagement ...)

Weitere Hilfestellungen

Wer in einem Burnout-Prozess steckt, verbraucht viel
Energie und lebt äußerst ungesund. Das gesunde Wechselspiel von Anspannung und Entspannung, von Aktivität
und Ruhe ist völlig verloren gegangen. Regeneration findet keinen Platz mehr im täglichen Zeitplan. Die Energie-
depots werden nicht mehr aufgefüllt. Es ist höchste Zeit,
das Leben umzustellen und wieder auf eine gesunde Lebensführung zu achten. Dazu gehören ausreichender und
guter Schlaf, mehrmals die Woche Bewegung, regelmäßige
Pausen über den Tag verteilt, Abschalten und Beenden der
Arbeit und nicht zuletzt eine gesunde Ernährung. Wer am
Limit seiner Kräfte ist, muss ganz besonders auf diese
Punkte achten. Nur so kann verbrauchte Energie zurück-
gewonnen werden. Wer glaubt, er könne weitermachen
wie bisher, nimmt in Kauf, früher oder später zusammen-

zubrechen. Spätestens dann wird er vielleicht in einer der mittlerweile zahlreichen Reha-Kliniken für Burnout-Opfer lernen, wie gesunde Lebensführung zu gestalten ist. Besser ist es, Sie lassen es nicht so weit kommen. Suchen Sie sich rechtzeitig professionelle Hilfe, bevor Sie Ihr Leben in Gefahr bringen.

Wenn wir ausbrennen, geht die Freude am Leben verloren. In der Endphase ist Burnout häufig begleitet von einer schweren und lebensbedrohlichen Depression. Spätestens dann ist therapeutische Unterstützung unumgänglich.

Ein wichtiger, wenn nicht sogar der wichtigste Schritt, um Burnout vorzubeugen oder den Prozess im Anfangsstadium zu stoppen, ist die Wiederentdeckung von Genuss im Leben. Alles, was wir dazu brauchen, kostet wenig bis gar nichts. Freundschaften, Liebe, Spaß, Freude, Geselligkeit, angenehme Gefühle, Gespräche und einfach genussvoll Ich-Sein, das alles gibt Kraft und bereichert. Wir müssen lediglich bereit sein, uns darauf einzulassen, und uns Zeit dafür nehmen. Überlegen Sie, was Ihnen früher große Freude bereitet hat und was Sie davon schon lange nicht mehr gemacht haben. Wofür glauben Sie, keine Zeit zu haben? Nehmen Sie sich die Zeit. Es wird Ihnen guttun.

Entdecken Sie die Natur als Quelle für reichhaltige Sinneseindrücke und Wohlfühl-Momente. Setzen Sie sich beispielsweise auf eine Bank im Wald oder ans Ufer einer schönen Fluss- oder Seenlandschaft. Schließen Sie die Augen und hören Sie einfach den Geräuschen zu. Atmen Sie die frische Luft ein. Hören Sie in sich hinein. Spüren Sie, wie es Ihnen geht. Das schärft die Sinne und ist Muße pur. Sie lernen wieder, Ihren Körper zu spüren. Das ist wichtig, denn in einem Burnout-Prozess ist das Empfinden für die eigenen Körpersignale verloren gegangen. Belastungsgrenzen werden nicht wahrgenommen. Wir bemerken die vielen Warnsignale, die der Körper uns gibt, nicht mehr und geraten immer tiefer in eine gesundheitlich äußerst bedrohliche Verfassung. Ab einem bestimmten Punkt kann uns nur noch professionelle Begleitung helfen, die eigene körperliche und seelische Befindlichkeit wieder wahrnehmen zu können.

Treffen Sie sich wieder mit Ihren Freunden und Ihrer Familie, Sie haben sie vermutlich schon viel zu lange vernachlässigt. Appellieren Sie an ihr Verständnis dafür, dass Sie sich so lange nicht gemeldet haben. Nehmen Sie sich wieder Zeit für Kontakte. Menschen, denen Sie vertrauen und die Ihnen wichtig sind, können Ihnen helfen, wieder in ein gutes Leben zurückzufinden. Sprechen Sie über Ihre Belastungssituation. Das erleichtert. Machen Sie mit, wenn Ihre Freunde etwas Schönes unternehmen. Hören Sie auf zu sagen »Ich kann heute nicht. Ich muss noch arbeiten«. Lernen Sie, mit gutem Gewissen »Nein« zu sagen.

Hatten Sie vor Ihrer Burnout-Zeit vielleicht ein Hobby, um das Sie sich nun schon sehr lange nicht mehr gekümmert haben? Nehmen Sie es unbedingt wieder auf. Malen, musizieren, gärtnern, handwerken oder kochen Sie vielleicht gerne? Dann tun Sie es endlich wieder. Es lenkt ab vom stressigen Berufsalltag und bringt Freude und Ausgeglichenheit. Genau in diesen Tätigkeiten können Sie den oben erwähnten Flow leichter erleben als im Job. Schalten Sie Ihre Glückszentrale an und nutzen Sie Ihre Freizeit dazu.

Wann haben Sie das letzte Mal Urlaub gemacht? Welche Reiseziele reizen Sie? Wohin wollten Sie immer schon einmal reisen? Aber auch ein Urlaub auf Balkonien hat seine schönen Seiten, vorausgesetzt, Sie schaffen es für ein paar Wochen, die Post ungeöffnet zu lassen, für Ihren Chef und die Kollegen nicht erreichbar zu sein, den PC auszuschalten und jeden Tag einfach ganz spontan nur das zu machen, worauf Sie tatsächlich gerade Lust haben. Auch das ist dann Erholung und Lebensgenuss.

Es gibt viele Möglichkeiten zu entspannen. Erlauben Sie sich einige Genusspausen in Ihrem Alltag. Zelebrieren Sie Langsamkeit. Genuss braucht Zeit, Verweilen, Innehalten, Beschaulichkeit, Achtsamkeit. Auch 5 Minuten oder nur ein paar Sekunden können schon völligen Genuss und Wohlbefinden bringen. Sie müssen diese Zeit im Hier und Jetzt erleben und nicht schon wieder mit Ihren Gedanken in die Zukunft abgleiten.

Zum Abschluss ein paar Regeln, die Sie beachten sollten.

Genussregeln

- Genuss braucht Zeit. Nehmen Sie sich Zeit für genussvolle Momente. Sie haben das Recht dazu und Ihr Körper braucht es dringend.
- Erlauben Sie sich Genuss. Nur wenn es Ihnen selbst gut geht, können Sie leistungsfähig sein. Obendrein wirken Sie sympathischer auf Ihre Mitmenschen.
- Genuss geht nicht nebenbei. Richten Sie Ihre Aufmerksamkeit ganz auf das Schöne, was Sie gerade tun. Machen Sie nichts anderes währenddessen.

■ Wissen, was einem guttut, ist die Voraussetzung
für Genuss. Ergründen Sie Ihre Vorlieben. Probieren Sie aus und entdecken Sie, was Ihnen guttut.

■ Weniger ist mehr. Übertreiben Sie es nicht. Bleiben Sie maßvoll. Qualität geht vor Quantität.

■ Ohne Übung kein Genuss. Kleine, aber häufige
Freuden verbessern Ihr Wohlbefinden nachhalti-
ger und wirkungsvoller als einmalige und große
Ereignisse. Genießen Sie die Nebensächlichkeiten
des Lebens.

■ Genuss braucht Erfahrung. Wie sehr wir etwas
genießen, ist davon abhängig, ob wir über genü-
gend Sensibilität verfügen. Die können wir trainieren. Schärfen Sie Ihre Sinne und üben Sie, feine
Unterschiede zu erkennen.

■ Genuss ist alltäglich. Entdecken Sie die vielen
kleinen Genussmomente im Alltag. Integrieren
Sie sie in Ihren Tagesablauf so selbstverständlich
wie das Zähneputzen.

■ Vorübergehender Verzicht kann Genuss erhöhen
und die Vorfreude darauf steigern. Ein Spaziergang in der Kälte wird beispielsweise den Genuss
eines heißen Getränks oder eines Kaminfeuers erhöhen.

■ Sammeln Sie Ideen für Genussmomente. Suchen
Sie nach Ihren ganz persönlichen Genussmomen-
ten. Denken Sie an die vielen genussvollen Augen-
blicke, die Sie tagtäglich entdecken können. Wenn
Sie gerade im Moment nicht dazu kommen, halten
Sie fest, was Ihnen einfällt.

Tipps für einen Ausstieg aus dem Highway zum Burnout

▓ Betreiben Sie aktives Stressmanagement. Sie können darüber die Stresshormone in Ihrem Körper reduzieren und einen ausgewogenen Hormonhaushalt wiederherstellen. Realisieren Sie regelmäßig Zeiten für Regeneration. Lernen Sie Entspannungstechniken.

▓ Schlafen Sie ausreichend, regelmäßig und gut. Suchen Sie sich professionelle Hilfe, wenn Ihnen das nicht von alleine gelingt. Verzichten Sie auf Schlaftabletten. Sie beeinträchtigen die Schlafqualität und machen abhängig.

▓ Machen Sie regelmäßig Pausen. Nehmen Sie sich ab und zu mehr Zeit als üblich für eine ausgiebige Mittagspause. Genießen Sie sie bei einem Stadtbummel, einem Spaziergang in einem Park oder gehen Sie einfach in einem kleinen Restaurant essen.

▓ Halten Sie sich am Wochenende wenigstens einen Tag ganz frei, auch frei von Verabredungen mit Freunden. Entscheiden Sie spontan, was Sie an diesem Tag wirklich gerne machen möchten, und tun Sie es auch.

▓ Treiben Sie regelmäßig Sport im Ausdauerbereich. Das reduziert Stresshormone und verbessert die Stimmung. Außerdem kommen in Bewegung die besten Ideen und so manches belastende Problem löst sich wie von alleine.

▓ Ernähren Sie sich gesund. Unser gesamter Hirnstoffwechsel reagiert umgehend auf das, was wir essen und trinken – positiv wie negativ. Wer viel Energie verbraucht, muss seinem Körper auch viel Energie zuführen. Eine gesunde und ausgewogene Ernährung hilft dabei.

- Setzen Sie Prioritäten. Setzen Sie sich selbst, das, was Sie gesund erhält, und das, was Ihnen guttut, auf Platz eins Ihrer Prioritätenliste. Achten Sie auf sich – andere tun es nicht.

- Akzeptieren Sie Ihre Fehler. Sehen Sie darin eine Chance, dazuzulernen. Gestehen Sie sich zu, nicht immer perfekt zu sein. Weniger ist meistens mehr.

- Fokussieren Sie das Schöne und Gute in Ihrem Leben. Führen Sie ein Tagebuch des Guten. Halten Sie die vielen positiven Kleinigkeiten in Ihrem Leben fest. Indem Sie darauf achten, verändert sich Ihr Gehirn. Es belohnt Sie mit guten Gefühlen und Glückshormonen.

- Gönnen Sie sich Müßiggang. Kommen Sie darüber innerlich zur Ruhe. Nehmen Sie Abstand von den Arbeitsbelastungen. Stellen Sie »Wenn-dann-Pläne« auf, zum Beispiel: »Wenn ich nach Hause komme, trinke ich erst einmal ganz in Ruhe eine Tasse Tee.«

- Gestalten Sie Ihre Freizeit. Bestimmen Sie selbst, was Sie tun wollen. Überlegen Sie sich Rituale, die den Übergang von der Arbeit in die Freizeit erleichtern. Machen Sie beispielsweise regelmäßig unmittelbar nach der Arbeit einen kurzen Spaziergang.

- Machen Sie in Ihrer Freizeit etwas, das Ihnen Spaß macht und das Ihnen das Gefühl gibt, etwas Erfreuliches gemacht zu haben. Lernen Sie etwas Neues, treiben Sie Sport, besuchen Sie kulturelle Veranstaltungen. Das gibt Auftrieb und neue Energie.

- Schärfen Sie Ihre Sinne. Das geht in der Natur besonders gut. Gönnen Sie sich *sinn*volle Auszeiten. Sie können dann Grenzen und Warnsignale Ihres Körpers wahrnehmen und gegensteuern.

- Treffen Sie Entscheidungen. Vermeiden Sie es, durch Nichtentscheiden Dinge einfach laufen zu lassen. Entscheiden Sie sich auch gegen etwas. Entscheiden Sie sich zum Beispiel gegen überlange Arbeitszeiten.

- Schalten Sie um und machen Sie etwas ganz anderes, wenn Ihnen alles zu viel wird. Erlauben Sie sich, auch einmal etwas nicht zu machen. Lernen Sie, mit gutem Gewissen »Nein« zu sagen. Seien Sie es sich wert.

- Investieren Sie Zeit in die »Nebensächlichkeiten« des Lebens. Kleine, aber häufig auftretende Freuden verbessern nachhaltig und wirkungsvoll Ihr Wohlbefinden, mehr als einmalige große Ereignisse.

- Rufen Sie sich immer wieder die Ereignisse in Ihrem Leben in Erinnerung, die gut gelaufen sind. Vergegenwärtigen Sie sich immer wieder, wie viele Fähigkeiten und Unterstützer Sie zur Bewältigung schwieriger Situationen haben.

- Überprüfen Sie Ihre inneren Einstellungen. Vermeiden Sie Sätze wie »Ich kann doch nicht ...«, Ich muss aber ...«, »Ich habe keine Zeit. Ich muss noch arbeiten«.

- Gehen Sie achtsam mit sich um. Kümmern Sie sich aktiv um Ihr Wohlergehen. Machen Sie Genuss zum festen Tagesordnungspunkt.

- Lassen Sie sich Zeit, wenn es Sie aus der Bahn geworfen hat. Fangen Sie nicht zu früh wieder an zu arbeiten. Sie riskieren einen schnellen und dann noch schlimmeren Rückfall.

- Burnout ist gefährlich, unter Umständen lebensbedrohlich. Suchen Sie sich deshalb professionelle Hilfe.

Arbeitsleben 2.0 – anders, schnell, flexibel, neu
Der Arbeitnehmer als Künstler

»Alle Menschen haben die Anlage,
schöpferisch tätig zu sein.
Nur merken es die meisten nie.«
Truman Capote

Kreativität als Schlüsselkompetenz

Ob wir es wollen oder nicht, wir befinden uns mitten in einem extremen Veränderungsprozess. Die Industriewirtschaft hat ausgedient. Ihre klaren Normen und Standards werden mehr und mehr durch neue und flexible Strukturen ersetzt. Es entsteht die Wissens- und Ideenwirtschaft. Sie ist nicht straff organisiert und planbar, sondern komplex und äußerst flexibel. Das verändert unsere Art zu wirtschaften, zu arbeiten und zu leben grundlegend. Nur noch wenig wird stabil, langfristig vorhersehbar und kalkulierbar sein. Passgenaue Lösungen für immer wieder neue Probleme zu finden, das wird der Hauptinhalt unserer Arbeit sein.

Wechselnde Anforderungen kennzeichnen schon heute den Arbeitsalltag vieler Menschen. Längst gibt es keine beständigen Organisationsstrukturen mehr. Häufige Veränderungen bedingen, dass wir uns in verschiedene Arbeitsumgebungen einfinden und mit wechselnden Kollegen und Chefs zurechtkommen müssen. Zeitlich befristete Arbeitsverhältnisse machen unser Arbeitsleben unsicher. Möglicherweise müssen wir mehrmals unseren Beruf wechseln und uns für neue Berufsfelder qualifizieren, um unsere Existenz sichern zu können. Flexible Arbeitsplätze, Home-Office-Plätze und immer wieder andere Projektteams verlangen, dass wir uns an neue Umgebungen, Situationen und Menschen anpassen können. Arbeitsabläufe ändern sich häufig. Kaum haben wir uns an die Arbeit mit einer Software gewöhnt, wird sie durch eine neue ersetzt. Wir müssen uns neue Anwendungsroutinen erarbeiten. Interne Vorschriften, Regeln und Zuständigkeiten ändern sich oft. Was gestern noch auf eine Art gemacht wurde, wird heute völlig anders abgewickelt. Flexibilität ist angesagt. Selbst administrative Aufgaben sind schon lange nicht mehr routiniert und immer gleich auszuführen. Verträge werden individuell auf die jeweiligen Anforderungen eines Kunden zugeschnitten. Das erfordert Verhandlungsgeschick und Einfallsreichtum. Die Wünsche und Bedürfnisse der Kunden sind vielfältig und anspruchsvoll wie nie. Produkte und Dienstleistungen werden zu Unikaten, die kreativ und flexibel daran angepasst werden. Dafür müssen wir geistreich und fantasievoll arbeiten können.

Nur wer es schafft, kreativ und innovativ neue Lösungen für neue Probleme zu finden, hat eine Chance im täglichen Wettbewerb. Ideen werden zur wichtigsten Ware der Zukunft, Kreativität zum wichtigsten Rohstoff. Diese Entwicklung spiegelt sich auch in der wachsenden Bedeutung der Kultur- und Kreativwirtschaft wider. Mit 1.024 Millionen Erwerbstätigen, 237.000 Unternehmen und einem Jahresumsatz von 131 Milliarden Euro im Jahr 2009 hat sich diese Branche trotz Wirtschaftskrise gut entwickelt und zählt mittlerweile zu den wirtschaftlichen Schwergewichten unserer Volkswirtschaft.[1]

Kreativität als Fähigkeit, Neues zu erschaffen, zu erdenken und zu kreieren, ist nicht nur eine besondere Begabung von Künstlern aus der Malerei, der Musik und den darstellenden Künsten. In der Berufswelt von morgen werden wir alle mehr oder weniger zu kreativen Künstlern werden müssen. Tagtäglich werden wir auf der Basis vorhandenen Wissens und Könnens neue und einzigartige Lösungen und Ideen suchen und finden. Viele von Ihnen werden jetzt sagen »Ich bin aber kein bisschen kreativ«. Das stimmt nicht. Jeder Mensch kann kreativ sein. Vielleicht können Sie nicht unbedingt ein schönes Bild malen, aber die Fähigkeit, in neuer und ungewohnter Weise zu denken, ist in unserem Gehirn angelegt. Vielleicht haben Sie es nur lange nicht mehr gemacht.

Unser Gehirn ist mit ungefähr 100 Milliarden Nervenzellen zur Informationsverarbeitung ausgestattet. Jede dieser Nervenzellen steht mit etwa 10.000 anderen Nervenzellen in Verbindungen. So entsteht ein gigantisches Netzwerk der Gedanken. Immer wenn wir neue Informationen in dieses Netzwerk einbinden und wenn wir gewohnte Denkpfade verlassen, werden neue Verbindungen geknüpft. Das Netzwerk erweitert sich und einzigartige Ideen können entstehen. Jeder von uns kann bekannte Denkmuster verlassen und sich auf ganz neue, überraschende und noch nicht ausprobierte Richtungen einlassen. Dazu bedarf es allerdings einiger Voraussetzungen.

Gerade im Arbeitsleben mangelt es leider daran, und so ist es kein Wunder, dass viele Menschen noch lange nicht zu kreativen Künstlern der Arbeitswelt geworden sind.[2]

Es beginnt damit, dass Mitarbeiter nur selten den zu ihnen passenden Job haben. Nur wenige Menschen können ihre besonderen Fähigkeiten und Stärken in herausfordernder Weise in ihre Arbeit einbringen. Genau das ist aber die Basis für kreatives Arbeiten. Stattdessen wird beispielsweise ein Mitarbeiter, der sich jahrelang mit großer Leidenschaft und nachweislich viel Erfolg für die Förderung von jungen Nachwuchskräften eingesetzt hat, auf einmal auf einen Arbeitsplatz mit ausschließlich administrativen Aufgaben versetzt. Seine ganz besonderen Fähigkeiten im Umgang mit jungen Menschen kommen nicht mehr zum Tragen. Das ist fatal für den Mitarbeiter, aber auch für das Unternehmen. Ohne Begeisterung wird er vermutlich nur Dienst nach Vorschrift machen. Seine kreativen Potenziale bleiben auf der Strecke.

Indem wir selber herausfinden, was wir besonders gerne machen, was wir besser können als andere und was uns wirklich antreibt, können wir versuchen, uns vor willkürlichen Stellenbesetzungen zu schützen. Inkompetente Personalentscheidungen können wir zwar nicht verhindern. Dennoch gilt: Wer genau weiß, was er kann und wonach er strebt, kann das klar benennen, zielgerichtet danach suchen und begründen, warum er für eine Aufgabe der richtige Mitarbeiter ist und für eine andere eben nicht.

Kreativität braucht Freiheit und Toleranz gegenüber Fehlern. Wenn der Weg zum Ziel weitestgehend frei gestaltbar ist und wir keine negativen Konsequenzen für Fehler zu erwarten haben, können wir neues Verhalten ausprobieren und auch einmal etwas scheinbar völlig Ab-

surdes und Verrücktes wagen. Erst wenn Kreativität kein
Risiko ist, gelingt uns das. Wir gewinnen das Gefühl, unsere Arbeit steuern und kontrollieren zu können, und
trauen uns, eingefahrene Denkpfade zu verlassen. Das beflügelt und fördert in unserem Gehirn die Ausschüttung
von Dopamin. Dopamin aktiviert, macht uns leistungsfähig und verstärkt unsere Assoziationskraft. Im täglichen
Arbeitsalltag ist leider wenig von dieser Freiheit zu spüren. Ein junger Mitarbeiter versucht beispielsweise in einem Meeting einen völlig neuen Ansatz für die Entwicklung einer Kundenstrategie vorzustellen. Seine Ideen
werden sofort durch viele »Wenn und Aber« wie »Das ist
zu teuer«, »So haben wir das noch nie gemacht« oder »Das
geht nicht« kaputtgeredet. Unser Gehirn zieht die ge-
wohnten und bekannten Lösungen den neuen vor, weil es
schneller geht und einfacher ist. Das kann durchaus effek-
tiv sein und deshalb ist unsere Skepsis Neuem gegenüber
verständlicherweise groß. So auch bei den Teilnehmern
des Meetings. Lassen Sie sich trotzdem nicht von einer
vielleicht verrückt anmutenden, aber dennoch erfolgver-
sprechenden Vorstellung abbringen. Entkräften Sie die
Killerphrasen Ihrer Kollegen mit Gegenfragen. Zwingen
Sie sie, sich inhaltlich mit Ihren Gedanken auseinanderzusetzen. Sagen Sie beispielsweise »Welche Gründe können
Sie mir nennen, warum meine Idee nicht funktionieren
sollte?«, »Was konkret ist an meiner Idee schlecht?« Als
kreativ denkender Mitarbeiter müssen Sie sich hartnäckig
gegenüber zahlreichen Gegenargumenten behaupten können. Auch das können Sie lernen.

Gute Ideen brauchen Zeit und sind manchmal teuer.
Straffes Kostenmanagement und kurze Zeitlimits zur Zielerreichung sind kontraproduktiv. Genau das ist aber Ar-

beitsalltag. Mitarbeiter müssen in immer kürzeren Zeit-
horizonten und mit immer enger begrenzten Ressourcen
Kundenprojekte erfolgreich abschließen. Entscheidungen
werden immer schneller und dabei oft unüberlegt getroffen. Die Anmerkung eines Mitarbeiters in einer Projekt-
runde zu einer Entscheidungsvorlage »Darüber muss ich
noch einmal nachdenken« wird mit viel Unverständnis
quittiert. »Dafür haben wir keine Zeit« ist das alles er-
schlagende Gegenargument. Dabei sind gute Ideen selten
plötzliche Geistesblitze, sondern entwicklen sich über einen längeren Zeitraum und nach intensiver Vorarbeit. Erst
mit ausreichend langem Atem können wir kreative und
neue Lösungen finden. Nehmen Sie sich, wann immer
möglich, bewusst Zeit zum Nachdenken. Suchen Sie immer wieder Räume, Plätze und Umgebungen auf, die Sie
zum freien und assoziativen Nachdenken inspirieren.

Kreative Mitarbeiter brauchen Unterstützung, Vertrauen und eine angenehme Atmosphäre, in der sie sich
wohlfühlen. Ein gutes zwischenmenschliches Klima ist
der Nährboden für ideenreiche Arbeit. Daran mangelt es
leider in immer mehr Unternehmen. Die allgemeine Ar-
beitsplatzunsicherheit macht Kollegen zu Konkurrenten.
Das ist die Basis für Intrigen, Mobbing und falsche Informationen. Missgunst und Neid machen sich breit und
Stress wird zu einem ständigen Begleiter. Da fällt es
schwer, kreativ zu sein. Übermäßiger Druck und Stress
beeinträchtigen und verändern die für unsere kreativen
Fähigkeiten zuständigen Hirnregionen. Versuchen Sie
deshalb, Ihre Stressbelastung so gering wie möglich zu
halten. Gestalten Sie Ihren Arbeitsplatz so angenehm wie
möglich. Verlassen Sie Ihr unmittelbares Arbeitsumfeld,
wenn Sie in einer Gedankenspirale feststecken, die brem-

send auf Ihre geistreiche und fantasievolle Suche nach
Problemlösungen wirkt. Tragen Sie zu einem angenehmen
Arbeitsklima bei. Suchen Sie einen offenen, ehrlichen und
von menschlicher Nähe geprägten Umgang mit Kollegen.
Initiieren Sie gemeinsame Aktionen, die Spaß machen,
zum Beispiel die Teilnahme an einem Firmenlauf oder ge-
meinsames ehrenamtliches soziales Engagement.

Es scheint so, als ob die Menschen noch nicht wirklich
angekommen sind in einer freien, offenen und kreativen
Arbeitswelt. Kreative und fantasievolle Denk- und Ar-
beitsstile gehören noch nicht zum Standardrepertoire bei
unserer Arbeitsgestaltung. Woran liegt es, dass wir uns damit so schwer tun? – Die sich abzeichnenden Veränderungen sind uns noch nicht vertraut, sondern ungewohnt, und
verunsichern uns. Alles, was wir nicht kennen und was
wir nicht einschätzen können, wird in unserem Gehirn
zunächst als bedrohlich eingestuft. Das ist eine reine Vor-
sichtsmaßnahme, die wir aus grauer Vorzeit behalten haben. Wir sind darauf programmiert, Gefahren, Hinder-
nisse und alles Bedrohliche abzuwehren, um uns zu
schützen. In der heutigen Zeit ist es aber besser, wenn wir
die Veränderungen als kreative Herausforderung anneh-
men und uns darauf einstellen. Dafür müssen wir uns verändern, Neues lernen und uns die Talente eines Künstlers
zutrauen. Bisher sind die Rahmenbedingungen der Arbeitswelt weit davon entfernt, uns dabei zu unterstützen.
Indem wir dennoch offen sind für Neues und lernen wollen, kreativ, fantasievoll und ideenreich zu denken, können wir uns fit machen für die Herausforderungen der Zukunft. Es liegt auch an uns, ob wir im Bedrohungszustand
erstarren oder ob wir uns zum kreativen Künstler und Ge-
stalter unseres Lebens entwickeln. Wie das gehen kann

und warum jeder Mensch über kreative Fähigkeiten ver-
fügt, darüber hat die Hirnforschung interessante Ergebnisse vorzuweisen.

Die kreative Seite unseres Denkens

Kreativität entsteht im Kopf. Sie ist uns nicht genetisch
mitgegeben, sondern lässt sich erlernen, genauso wie Sprechen, Lesen und Schreiben. Eine Anlage zum erfolgreichen
Künstler steckt in jedem von uns. Je nach persönlicher
Prägung und abhängig von früher Förderung und Inspira-
tion unterscheiden wir uns jedoch in unseren kreativen
Persönlichkeitsmerkmalen. Besonders kreative Menschen
vereinen oft sehr verschiedene und gegensätzliche Verhaltensweisen in sich. Sie können in absolute Ruhe versinken
und dabei fantasievoll träumen. Gleichzeitig verfügen sie
über unbändige Energie, die sie teilweise ekstatisch arbeiten lässt. Sie haben umfangreiches Wissen und Können,
sind aber fähig, die Welt davon völlig losgelöst zu betrachten. Ein hohes Maß an Selbstdisziplin und Ausdauer begleitet ihr Tun. Sie haben sich aber auch ein Stück ihrer
kindlichen Seele bewahrt und sind in der Lage, spielerisch
und undiszipliniert Verrücktes auszuprobieren.[3]
Auch wenn nicht jeder von uns zum Picasso oder Ein-
stein wird, so gibt es keinen Grund an den eigenen kreativen Fähigkeiten zu zweifeln. Unser Gehirn hat alles, was
wir brauchen, um unsere kreativen Persönlichkeitsanteile
zu stärken und fantasievoll denken und handeln zu können.

Jedes Gehirn besteht aus zwei Hälften, die miteinander verbunden sind. Das gesamte Spektrum unserer Fähigkeiten ist an unterschiedlichen Orten im Gehirn lokalisiert. Dabei gibt es eine Arbeitsteilung zwischen linker und rechter Seite. Die linke Gehirnhälfte steuert die rechte Körperhälfte und umgekehrt. Wenn Sie beispielsweise Ihren linken Arm bewegen, so ist Ihre rechte Gehirnhälfte dafür verantwortlich, wenn Sie Ihren rechten Arm bewegen, ist es die linke Gehirnhälfte. Auf der linken Seite sind Syntax und Semantik unserer Sprache beheimatet. Diese Hälfte arbeitet, wenn wir einen Satz Wort für Wort nacheinander lesen oder hören und die Bedeutung der Wörter erfassen. Die rechte Gehirnhälfte verbindet die Wörter eines Satzes zu einem Ganzen und verleiht ihm Sinn und Bedeutung. Sie verarbeitet dazu auch die nonverbalen Signale und steuert die emotionale Bewertung. Der Satz »Ich bin jetzt weg« ist, je nachdem, wie wir ihn betonen und ihm durch Mimik und Gestik Ausdruck verleihen, unterschiedlich gemeint. Es kann sein, dass wir lediglich ankündigen, das Haus zu verlassen, um zu einer Verabredung zu gehen. Es kann aber auch sein, dass wir nach einem heftigen Streit ankündigen, unseren Partner nun endgültig zu verlassen. Um zu verstehen, was genau gemeint ist, brauchen wir neben der linken unbedingt auch die rechte Gehirnhälfte. Sie ist für Gefühle zuständig und erkennt emotionale Signale. Deshalb ist sie auch verantwortlich für die Interpretation von Gesichtern und deren Ausdruck. Hätten wir nur unsere linke Gehirnhälfte zur Verfügung, so wüssten wir, *was* gesagt wurde, könnten aber nicht verstehen, *wie* es gemeint ist. Hätten wir nur unsere rechte Gehirnhälfte, so würden wir zwar die Emotionalität der Situation spüren, könnten aber nicht verstehen, welche konkrete Handlung ankündigt wird. Erst das Zusammenspiel beider Seiten ermöglicht es uns, eine Situation richtig verstehen und einschätzen zu können.

Auch unsere Fähigkeit, logisch-analytisch zu denken und uns auf Details zu konzentrieren ist links lokalisiert. Hier werden Sachverhalte in Einzelheiten zergliedert und sequenziell hintereinander verarbeitet, so wie es ein Computer tut. Auf der rechten Seite wird dagegen aus den vielen Einzelheiten ein Gesamtbild gefertigt. Betrachten wir ein Bild, so kann die linke Gehirnhälfte analysieren, welche Technik der Künstler eingesetzt hat. Die rechte Gehirnhälfte betrachtet das Bild als Gesamtkunstwerk und lässt uns Gefühle von Bewunderung, Ergriffenheit oder Ablehnung empfinden. Links sind Symbolik, Wissen und Logik beheimatet, rechts Kreativität, bildhaftes und räumliches Vorstellungsvermögen, Emotionen und Fantasie.[4]

Erst ein gelungenes und ausgewogenes Zusammenspiel beider Hälften macht aus unserem Gehirn ein leistungsstarkes Organ. Ein Maler muss sein Handwerk beherrschen, kenntnisreich in der Farbenlehre sein, die unterschiedlichen Materialien und Werkzeuge richtig einsetzen können und Verständnis für Perspektive, Raum und Materialbeschaffenheit haben. Ohne die technischen Fertigkeiten wäre sein künstlerisches Können begrenzt. Aber allein mit handwerklichem Können und ohne Fantasie, Leidenschaft und Blick auf das gesamte zu schaffende Werk wäre er allerdings nicht zum großen Künstler fähig. Das Gleiche gilt für Musiker und Schauspieler. Technik und Handwerk sind die Basis. Erst zusammen mit Ideenreichtum, großen Gefühlen und Kreativität entsteht aber ein künstlerisches Werk.

So ist es auch in unseren »normalen« Berufen. Nur mit

Fachwissen, aber ohne die Fähigkeit zu improvisieren, ideenreich nach neuen Lösungen zu suchen, die Zusammenhänge und Wirkweisen unseres Tuns zu überblicken und ohne Leidenschaft und Mut Neues zu wagen treten wir im Hamsterrad auf der Stelle.

Leider benutzen in unserem Kulturkreis viele Menschen ihr Gehirn sehr linkslastig und überhaupt nicht ausgewogen. Schon sehr früh, spätestens mit der Einschulung, werden wir darauf trainiert. Die natürliche Kreativität, die wir alle als Kinder hatten, ist spätestens dann nur noch wenig gefragt. Im Vordergrund steht die Vermittlung von Faktenwissen und logisch-analytischen Fähigkeiten. An die Stelle des kindlichen Denkens in Bildern tritt die Verwendung von Zeichen und Symbolen. Kunst und Musik sind nur Nebenfächer und dazu noch mit geringer Bedeutung. Systematisch wird die kreative Seite unseres Könnens in den Hintergrund gedrängt. Die Fähigkeit, mit viel Fantasie assoziativ neue Denkpfade zu gestalten, verkümmert. Fehler stehen im Mittelpunkt der Betrachtung. Es gibt nur die Varianten »richtig« und »falsch«. Fantasievolles Ausprobieren ist nicht erwünscht. Das setzt sich im Erwachsenenalter in Ausbildung, Studium und Beruf leider fort. Wenn es unser Ziel ist, ein guter Buchhalter oder ein guter Programmierer zu werden, so mag das funktionieren. Für die Arbeitswelt der Zukunft sind wir damit schlecht gerüstet.

Glücklicherweise lassen sich die kreativen Funktionen unseres Gehirns stimulieren. In extremer Weise hat das ein spannendes Experiment mit einer sogenannten »Denkkappe« gezeigt. Wissenschaftler haben dabei mit elektrischen Impulsen die Aktivität der linken Gehirnhälfte ihrer Probanden unterdrückt, während gleichzeitig ihre rechte

Gehirnhälfte angeregt wurde. Der Verstand wurde quasi außer Funktion gesetzt. Gleichzeitig wurden die für kreative Denkweisen zuständigen Areale stimuliert. Die Testteilnehmer konnten dadurch bei der Lösung von Aufgaben nicht auf abgespeichertes Wissen und Erfahrungen zurückgreifen. Sie konnten allein auf fantasievolle Art nach völlig neuen Sichtweisen und Lösungen suchen. Ursprung dieser Experimente waren Erkenntnisse bei Unfallopfern, die nach einer Verletzung ihrer linken Gehirnhälfte ungewöhnlich gute kreative Fähigkeiten zeigten. Die Hoffnung der Forscher ist es nun, dass die »Denkkappe« eines Tages in unterschiedlichen Bereichen bei der Suche nach ideenreichen und neuen Lösungen für Probleme nützlich eingesetzt werden kann. Auch wenn es zugegebenermaßen seltsam klingt, den Künstler in unserem Kopf quasi per Stromschlag aufzuwecken, so zeigen die Experimente doch deutlich, dass die rechte Gehirnhälfte unsere kreative Hälfte ist und dass unsere kreativen Potenziale mit entsprechender Stimulation positiv beeinflusst werden können.[5]

Indem wir mehr von dem tun, was unsere rechte Gehirnhälfte mag, fördern wir unsere kreativen Fähigkeiten. So kommen wir zu einem ausgewogenen Aktivierungsverhältnis beider Gehirnhälften. Dafür gibt es eine Vielzahl von Möglichkeiten, auch ganz ohne »Denkkappe« und Stromschläge. Mit der folgenden Auswahl möchte ich Sie inspirieren. Bereichern Sie Ihr Leben um Aktivitäten, die beide Gehirnhälften auf ideale Weise miteinander verbinden. Das macht Spaß und wirkt sich auch positiv auf Ihre beruflichen Kompetenzen aus.

Aktivitätenliste zur Förderung kreativer Fähigkeiten

■ Interessieren Sie sich für Malerei, Musik oder Theater. Besuchen Sie Ausstellungen, Konzerte oder Theateraufführungen.

■ Musizieren Sie. Probieren Sie aus, was Ihnen Spaß macht. Lernen Sie ein Instrument zu spielen und nehmen Sie Unterricht.

■ Singen Sie. Singen Sie, wo immer Ihnen danach ist. Trauen Sie sich, auch wenn Sie der Meinung sind, es nicht gut zu können. Nehmen Sie Gesangsunterricht und machen Sie Stimmtraining. Werden Sie Mitglied in einem Chor.

■ Malen Sie. Es muss nicht schön sein. Gehen Sie in ein Geschäft für Künstlerbedarfsartikel. Lassen Sie sich inspirieren. Besuchen Sie eine Malschule oder machen Sie eine Malreise.

■ Sehen Sie sich um. Trainieren Sie dabei Ihr bildhaftes Vorstellungsvermögen. Beobachten Sie Ihre Umwelt genau. Nehmen Sie sich ab und zu Zeit, eine Szenerie zu betrachten. Schließen Sie dann die Augen und rufen Sie sich das Gesehene als Bild möglichst genau in Erinnerung. Öffnen Sie die Augen wieder und vergleichen Sie. Machen Sie das immer wieder, bis es keinen Unterschied mehr gibt zwischen der Erinnerung und der Realität. Halten Sie das Bild in Gedanken fest und zeichnen Sie es später aus der Erinnerung.

■ Tanzen Sie. Besuchen Sie einen Tanzkursus. Lernen Sie unterschiedliche Tanzstile. Nutzen Sie jede Gelegenheit, Ihr Tanzbein zu schwingen.

- Jonglieren Sie. Besorgen Sie sich gute Bälle oder Keulen bei einem Anbieter für Artistenmaterial. Geben Sie nicht auf. Probieren Sie es immer wieder.

- Bewegen Sie sich. Machen Sie bewusst Übungen, bei denen Sie mit Ihren Armen und Beinen auf beiden Körperseiten voneinander verschiedene Bewegungen machen müssen. Malen Sie beispielsweise mit dem rechten Arm große Kreise in die Luft, während Sie mit dem linken Bein nach vorne und hinten schwingen.

- Schreiben Sie. Versuchen Sie kurze Geschichten zu schreiben. Begrenzen Sie sich bewusst im Umfang. Versuchen Sie beispielsweise überraschende Geschichten mit nicht mehr als oder genau 50 Wörtern zu schreiben.

- Spielen Sie Theater. Nehmen Sie Schauspielunterricht. Lernen Sie, in eine andere Rolle zu schlüpfen. Versuchen Sie diese Rolle überzeugend zu spielen.

- Fotografieren Sie. Nehmen Sie Ihre Kamera mit, egal, wohin Sie gehen. Bearbeiten Sie Ihre Fotos kreativ mit einem Bildbearbeitungsprogramm. Verbinden Sie Malerei und Fotografie zu kreativen Kunstwerken.

- Erstellen Sie ein Video. Überlegen Sie sich vorab eine möglichst verrückte Geschichte, die Sie darstellen wollen.

■ Lesen Sie. Wagen Sie sich ruhig auch einmal an eine Fantasy-Geschichte. Besuchen Sie Lesungen. Besuchen Sie Märchenwochen oder andere Erzählveranstaltungen.

Übrigens fördern wir durch Beschäftigungen dieser Art insgesamt unsere kognitiven Fähigkeiten. Das zeigen neueste Ergebnisse der Hirnforschung. Regelmäßiges und engagiertes Training von musischen und künstlerischen Fähigkeiten verbessern jene neuronalen Netzwerke, die für unsere Fähigkeit zu Aufmerksamkeit zuständig sind. Eine hohe Aufmerksamkeit ist wichtig für Lernen und Erinnern. Nur wer aufmerksam sein kann, kann etwas lernen. Die Forschungen zeigten auch, dass sich eine frühe Förderung in musischen und künstlerischen Beschäftigungen schon in der Kindheit langfristig und nachhaltig positiv auf den Schul- und Ausbildungserfolg auswirkt. Training unseres künstlerischen Könnens verbessert demnach generell unsere kognitiven Fähigkeiten. Werden Sie also zum kreativen Künstler nicht nur im beruflichen Alltag.[6]

Wie neue Ideen wachsen

Ideen fallen nicht vom Himmel. Selten sind plötzliche Geistesblitze die Lösung für neue Probleme. Kreativität ist nicht das Ergebnis kurzer Einfälle zwischendurch. Große Innovationen sind meist das Ergebnis langer Findungsprozesse. Ein Mix aus hoch konzentriertem Nachdenken und entspanntem Loslassen ist dabei ideal. Ein kreativer Prozess hat auch im Arbeitsleben viel Ähnlichkeit mit dem Schaffensprozess eines Künstlers. Am Anfang steht immer eine ausgiebige Phase der Vorbereitung. Der Künstler entwickelt eine Vorstellung von dem, was er schaffen will. Er weiß noch nicht, wie er es realisieren kann. Als Erstes besorgt er sich einen Malgrund, Farben, Pinsel und Stifte sowie weiteres Material, das er verwenden möchte. Natürlich muss er den Umgang damit beherrschen. Er probiert Techniken aus, macht erste Skizzen und sammelt Ideen für sein Bild. In einem Skizzenbuch hält er alles fest. Nach und nach kristallisiert sich heraus, wie er sein Bild gestalten will. Er macht verschiedene Versuche und überprüft, welches Motiv, welche Bildaufteilung und welche Farbgebung seinen Vorstellungen den besten Ausdruck verleiht. Dabei lässt er sich von anderen Menschen und Umgebungen inspirieren. Er verlässt immer wieder sein Atelier und sucht Abwechslung und Entspannung. Irgendwann weiß er genau, was er malen will. Er wählt aus den zahlreichen Ideen die Version aus, die ihn am meisten fasziniert, und beginnt mit der künstlerischen Arbeit. Ein arbeitsreicher und anstrengender Umsetzungsprozess beginnt. Nach Fertigstellung des Werkes hofft er auf Anerkennung und Erfolg. Er sucht nach einem Unterstützer und Förderer, vielleicht einen Galeristen, der sein Werk der Öffentlichkeit präsentiert. Er ist gespannt, wie die Beurteilung ausfällt.

Auch in unseren Lebens- und Arbeitsbereichen stehen am Anfang eines kreativen Prozesses die analytische Auseinandersetzung mit einem Thema und die Formulierung eines Zieles. Nur wenn Sie ein Ziel klar formuliert haben, wissen Sie, wonach Sie suchen müssen. Jetzt können Sie anfangen. Als Erstes sammeln Sie möglichst viele Informationen und bauen umfangreiches Know-how auf. Nach dieser ersten intensiven Auseinandersetzung folgt eine Phase der Einkehr und des unbewussten Wirkens. Nehmen Sie Abstand von Ihrem Thema. Eine gute Möglichkeit ist es, wenn Sie in dieser Phase Ihr unmittelbares Arbeitsumfeld verlassen und mit anderen Menschen aus anderen Branchen, anderen Berufen oder anderen Lebensumfeldern sprechen. Fragen Sie sie nach ihren Ansichten. Suchen Sie nach ganz neuen und anderen Betrachtungsweisen. Lassen Sie sich auf Überlegungen und Gedanken ein, die Ihnen fremd sind. Seien Sie offen für Neues. Vielleicht können Sie neue Trends entdecken und sie für Ihre Lösungsfindung nutzbar machen. Manchmal eröffnet der Blick aus einer anderen Perspektive ganz andere Sichtweisen auf mögliche Lösungen. Denken Sie ruhig auch einmal darüber nach, wie und wodurch Sie Ihr Problem verschärfen können. Überlegen Sie dann, was das Gegenteil davon ist. Auch so können kreative und neue Ideen entstehen. Es ist wichtig, dass Sie sich für diese Phase ausreichend Zeit nehmen. Zeitdruck hemmt kreative Potenziale.

Manchmal kommen gute Ideen gerade dann, wenn wir überhaupt nicht bewusst an etwas denken. Während wir unter der Dusche stehen, bei einem langsamen Jogginglauf, im Liegestuhl auf der Terrasse oder beim müßigen Nichtstun. Auf einmal haben wir einen Einfall und sehen eine mögliche Lösung vor Augen. Gerade in angenehmer, entspannter und von der Arbeit losgelöster Umgebung arbeitet unser Unterbewusstsein besonders kreativ. Halten Sie alle Ideen fest, die Ihnen dann in den Sinn kommen. Notieren Sie sich Ihre Gedanken. Halten Sie dafür immer ein Notizbuch bereit oder führen Sie ein elektronisches Notizbuch auf Ihrem Laptop oder Ihrem Smartphone.

Erlauben Sie sich auch scheinbar absurde und verrückte Ideen. Die so gesammelten Gedanken müssen später auf ihren Nutzen und ihre Durchführbarkeit überprüft werden. Welche Idee ist realisierbar? Löst sie wirklich das Problem? Seien Sie in dieser Phase kritisch, geben Sie aber trotzdem auch scheinbar unrealistischen und verrückten Ideen eine Chance. Lassen Sie sich nicht durch pauschale Gegenargumente von Ihren Ideen abbringen. Erst wenn sie sich tatsächlich als nicht realisierbar erweisen, müssen Sie sie fallen lassen. Sie brauchen jetzt Kommunikationsgeschick und Durchhaltevermögen. Halten Sie es aus, wenn Sie das Gefühl haben, überall auf taube Ohren zu stoßen. Geben Sie nicht auf. Kreativität ist manchmal harte Arbeit. Gelingt es Ihnen, Ihre Lösungsvorstellung durchzusetzen und bringt die Realisierung auch den erhofften Erfolg, so werden Sie mit Glücksgefühlen belohnt. Ihr Gehirn mixt einen wahren Cocktail aus berauschenden Hormonen, der Sie beflügelt und zu neuer kreativer Arbeit anspornt.

Zum Abschluss möchte ich Ihnen eine Auswahl von kleinen Übungen mit auf den Weg geben, die Ihnen helfen können, Ihre Kreativität in Alltag und Beruf zu entfalten und zu stärken.

Mini-Übungen zum Training der Kreativität

- Finden Sie schnell möglichst viele Verwendungsmöglichkeiten für beliebige alltägliche Gegenstände. Es ist völlig egal, ob es tatsächlich realisierbar ist. Lassen Sie Ihrer Fantasie freien Lauf. Auch völlig absurde Ideen sind zugelassen. Das können Sie auch umgekehrt machen. Überlegen Sie, wofür dieser Gegenstand nicht verwendet werden kann.

- Nehmen Sie irgendeinen Satz aus einem Buch, einer Zeitung oder einem Online-Text und verwenden Sie ihn als Eingangssatz für eine Geschichte, die Sie darauf aufbauend erfinden.

- Schreiben Sie fünf oder mehr beliebige Buchstaben auf und bilden Sie so viele Sätze wie möglich, deren Wörter der Reihe nach mit diesen Buchstaben beginnen. Das können Sie auch im Stau mit den Buchstaben des Nummernschildes von dem Wagen vor Ihnen machen.

- Gehen Sie in eine Bahnhofsbuchhandlung und stöbern Sie in dem dort meist sehr gut sortierten Zeitschriftensortiment. Blättern Sie nur in Magazinen, die Sie ansonsten nicht interessieren und die Sie nie kaufen würden. Sie erhalten möglicherweise ungeahnte Inspirationen für Ihre Arbeit und Ihr Privatleben.

- Nehmen Sie Entscheidungen wahr, die außerhalb Ihres Lebens- und Arbeitsbereiches getroffen werden. Überlegen Sie, ob diese Entscheidungen auch

Potenzial zur Lösung Ihres Problems haben. Überlegen Sie, wie die gegenteilige Entscheidung aussehen würde. Welche Frage, welches Problem würde dadurch gelöst. Manchmal entstehen so ungeahnte Impulse für die eigene Suche nach Lösungen.

- Schreiben Sie regelmäßig einmal am Tag mindestens eine DIN-A4-Seite voll. Dabei kommt es nicht auf Sinn und Zusammenhang oder Logik und Inhalt an. Schreiben Sie einfach alles auf, was Ihnen gerade durch den Kopf geht, auch scheinbar absurde, verrückte und sinnlose Gedanken. Ihrer Fantasie sind keine Grenzen gesetzt. Machen Sie diese Übung jeden Tag mindestens drei Wochen lang, am besten gleich morgens. Sie halten damit viele ansonsten nur flüchtige Ideen fest und haben bald einen großen Fundus an Ideen. Gleichzeitig lernen Sie sich selbst besser kennen. Möglicherweise sind sie überrascht, was Sie alles bewegt.

- Machen Sie ab und zu etwas anders als sonst. Nehmen Sie beispielsweise einen anderen Weg zur Arbeit als den üblichen. Verändern Sie Ihren Arbeitsplatz. Richten Sie Ihren Schreibtisch anders aus. Verändern Sie auch zu Hause Ihr Umfeld. Essen Sie morgens etwas anderes anstatt des immer gleichen Brötchens mit Marmelade, oder machen Sie eine Nachtwanderung. Es gibt viele Dinge, die wir anders machen können. Überlegen Sie, was Sie einmal ausprobieren möchten. Sammeln Sie auch hier regelmäßig Ideen und halten Sie diese fest.

- Wenn Sie gerne rätseln, dann besorgen Sie sich eine Sammlung mit sogenannten lateralen Rätseln. Das sind Rätsel, deren Lösung nur gefunden werden kann, indem wir gewohnte Wahrnehmungsmuster und Denkbahnen verlassen. Diese Rätsel zwingen uns, anders und ungewohnt an ein Problem heranzugehen. Sie trainieren uns darin, quer zu denken, was uns dann auch im Arbeitsalltag leichter gelingt.

Tipps für mehr Kreativität

- Vermeiden Sie Zeit- und Erfolgsdruck. Gute Ideen müssen reifen und brauchen Zeit und eine entspannte Herangehensweise.
- Machen Sie sich mit Ihrem Problem vertraut. Sammeln Sie möglichst viele Informationen. Verbessern Sie Ihr Expertenwissen. Eignen Sie sich das erforderliche Know-how an, das für eine Problemlösung nötig ist. Kreativität basiert immer auf einer umfangreichen Wissensgrundlage.
- Entwickeln Sie ein klar definiertes, realistisches und quantifizierbares Ziel. Wenn Sie wissen, was Sie erreichen wollen, dann wissen Sie auch, wonach Sie suchen müssen.
- Trainieren Sie Ihre Kommunikationsfähigkeit und Ihr Verhandlungsgeschick. Sie werden beides brauchen, um

Ihre Projektpartner und Kollegen von ungewöhnlichen Ideen überzeugen zu können.

- Lassen Sie sich von Killerphrasen wie »Das geht nicht« nicht beeindrucken. Fragen Sie, was genau denn gegen Ihre Idee spricht. Zwingen Sie Ihre Gegner, sich inhaltlich mit Ihren Vorschlägen auseinanderzusetzen.

- Beißen Sie sich nicht in Ihren Gedanken fest. Verlassen Sie Ihre Arbeitsumgebung, wenn Sie mit Ihren Überlegungen feststecken. Machen Sie etwas ganz anderes und schalten Sie ab. Verabschieden Sie sich von Ihrem Alltagstrott. Immer gleiche Muster und Routinen sind Gift für Kreativität.

- Gönnen Sie sich Ruhe, Entspannung und kreative Auszeiten. Manchmal entwickeln sich neue Ideen und Lösungen wie von alleine beim Sport, bei einer kreativen Beschäftigung, im Gespräch mit anderen Menschen oder einfach beim Nichtstun.

- Fragen Sie andere Menschen aus »fremden« Branchen, Berufen und Lebens- und Arbeitsumfeldern nach ihren Ansichten und Vorgehensweisen. Erweitern Sie Ihren Horizont. Interessieren Sie sich für Themen, die nichts mit Ihrem zu lösenden Problem zu tun haben. Manchmal ergeben sich daraus völlig unerwartete Impulse.

- Beschäftigen Sie sich in Ihrer Freizeit mit musischen und künstlerischen Tätigkeiten. Interessieren Sie sich für Musik, Kunst und Theater. Besuchen Sie Veranstaltungen und Ausstellungen. Musische und künstlerische Beschäftigungen trainieren die kreative Hälfte unseres Gehirns und verbessern das Zusammenspiel zwischen beiden Gehirnhälften.

- Entscheiden Sie sich für ein künstlerisches Hobby. Erlernen Sie ein Musikinstrument oder malen und zeichnen Sie. Halten Sie Ihre Eindrücke in einem Skizzenbuch fest. Malen und besonders Zeichnen schult unser Sehen. Wir bekommen einen anderen Blick auf die Welt. Das hilft auch dabei, neue Sichtweisen für eine Problemlösung zu entdecken.

- Tanzen Sie wieder einmal. Besuchen Sie einen Tanzkurs. Wenn Sie mögen, lernen Sie zu jonglieren. Bewegen Sie sich, indem Sie beide Körperhälften auf unterschiedliche Weise bewegen. Das stärkt die Verbindung zwischen den beiden Gehirnhälften.

- Machen Sie immer wieder etwas ganz anders als sonst. Überlegen Sie sich, was Sie schon immer einmal ausprobieren wollten. Halten Sie es fest. Sie können dann bei Gelegenheit darauf zurückgreifen.

- Verändern Sie Ihre Alltags- und Ihre Arbeitsumgebung. Stellen Sie Ihre Möbel um. Streichen Sie die Wände in einer ungewöhnlichen Farbe. Werden Sie zum Designer Ihres Lebens.

- Schreiben Sie plötzliche Ideen und ungewöhnliche Gedanken sofort auf. Führen Sie ein Notizbuch, in dem Sie all Ihre Geistesblitze sammeln. Beim nächsten zu lösenden Problem können Sie darin blättern und erhalten vielleicht erste Inspirationen.

- Entwickeln Sie spielerisch kreative Potenziale. Machen Sie sogenannte laterale Rätsel. Fragen Sie sich bei allem, was Sie tun, wie Sie es auch anders machen könnten. Werden Sie ein geübter Querdenker.

- Begeben Sie sich in die Welt der Kinder. Spielen Sie mit ihnen. Lassen Sie sich auf ein Rollenspiel ein. Erzählen sie den Kindern frei erfundene Geschichten. Beobachten Sie die Kinder und versuchen Sie, die Welt mit ihren

Augen zu sehen. Bewahren Sie sich ein Stück kindlicher Ungezwungenheit und Neugier.

■ Genießen Sie das Glücksgefühl, das sich einstellt, wenn Sie kreativ sind. In jedem von uns steckt ein Künstler. Werden auch Sie zum Künstler.

Schlusswort

Um zum guten Schluss zu kommen, möchte ich Sie nun bitten, selbst die Regie zu übernehmen: Bitte lassen Sie das Gelesene noch einmal Revue passieren. Welche von den Themenbausteinen waren für Sie besonders wichtig? Welche Maßnahmen konnte ich Ihnen vorstellen, von denen Sie glauben, dass sie nützlich sind für Ihren persönlichen Arbeitsalltag? Wo glauben Sie, in Zukunft etwas zum Besseren ändern zu können?

Ich hoffe, es ist mir gelungen, in Ihnen die Einsicht zu wecken, dass Sie den zweifellos zum Teil fast unmenschlichen Arbeitsbedingungen nicht hilflos ausgeliefert sind, sondern tatsächlich Gestaltungsspielräume haben. Ich wünsche Ihnen, dass Sie sich zukünftig vielleicht mehr als bisher zutrauen, Grenzen zu ziehen und mit gutem Gewissen auch einmal »Nein« zu sagen. Sie können hoffentlich etliche der beschriebenen Impulse für die Wiederentdeckung von Lebensgenuss in anstrengenden Zeiten für sich und Ihre Lebensgestaltung aufnehmen.

Ich wünsche Ihnen, dass es Ihnen gelingt, Ihren Arbeitsalltag leistungsstark so zu bewältigen, dass Sie dabei allen Bereichen Ihres Lebens, privaten ebenso wie beruflichen, ausgewogen Raum geben und mit Genuss und Wohlbefinden leben können.

Danke

Mir ist das Thema dieses Buches ein Herzensanliegen. Vielleicht konnten Sie das an der einen oder anderen Stelle zwischen den Zeilen lesen. Meine vielen Kontakte mit Menschen, die unter den heutigen Arbeitsbedingungen zum Teil sehr leiden, haben dazu beigetragen. Gerade deshalb musste ich mich während des Schreibens immer wieder auch mit meiner Betroffenheit und meinem Gefühlen auseinandersetzen. Das hat das Schreiben dieses Buches manchmal sehr anstrengend gemacht. Glücklicherweise hatte ich eine Reihe von Mitlesern, die mich sehr unterstützt haben. Trotz knapper Zeit haben sie alle mit großem Engagement meine Texte kritisch gelesen und mir in regelmäßigen Diskussionsrunden ihre Meinung, ihre Kritik und auch ihr Lob gesagt. Sie alle haben dazu beigetragen, dass Sie dieses Buch heute in Händen halten können.

Den größten Dank verdienen mein Mann Horst Kruszona und meine beiden Söhne Kevin und Marvin. Sie haben alle Kapitel kritisch gelesen und beurteilt. Gleichzeitig mussten und haben sie meine Stimmungsschwankungen ertragen und mich immer wieder bestärkt, nicht aufzugeben. Ganz selbstverständlich haben sie mir viele alltägliche Arbeiten abgenommen und mir dadurch zeitliche Spielräume eröffnet. Ohne ihre Unterstützung hätte ich dieses

Buch niemals neben meiner sonstigen Arbeit schreiben können. Ich weiß es sehr zu schätzen und sage »Vielen Dank«.

Aber auch alle anderen Mitleserinnen und Mitleser haben mich mit großem Einsatz unterstützt. Cornelia Eicken, Susan Findt, Josefine Grieshop, Brigitte Grossmann, Andrea Handl-Erdmann, Iris und Burkhard Katlewski, Hedwig Langel-Nentwig, Friederike Stratmann, Monika Veldhoen, Dagmar Vieregge und Brunhilde Zmuda, sie alle haben sich immer wieder und ohne Wenn und Aber Zeit für mich und mein Buchprojekt genommen. Erst ihre vielen Anregungen haben jedes Kapitel zu einem guten Abschluss gebracht. Auch ihnen allen sage ich »Vielen Dank« dafür.

Nicht zuletzt freue ich mich, dass ich dieses Buch, wie auch mein erstes Buch, wieder im Kreuz Verlag veröffentlichen kann. Ganz besonders Frau Imke Rötger hat mich dabei unterstützt. Ihre inhaltlichen Anregungen haben mir geholfen, den potenziellen Leser nicht aus dem Auge zu verlieren und ein stimmiges Ganzes aus vielen Ideen zu machen. Auch dafür sage ich »Vielen Dank«.

Anmerkungen

Kapitel 1 – Immer und überall arbeiten

1 Statistisches Bundesamt: Jeder zehnte Erwerbstätige mit überlanger Arbeitszeit – neuer Bericht zur Qualität der Arbeit. Pressemitteilung Nr. 347 vom 28.09.2010
2 Sonnentag, S., Binnewies, C., & Mojza, E. (2010): Staying well and engaged when demands are high: The role of psychological detachment. Journal of Applied Psychology, 95 (5), 965–976
3 Loriot: Szenen einer Ehe in Wort und Bild. Diogenes Verlag, Zürich, 1986
4 Maier, Josephina: Gedanken im Leerlauf. In: Gehirn & Geist, 09/2010, S. 60–63
5 Maier, Josephina: Leerlauf im Kopf. http://www.zeit.de/2010/01/N-Gehirn-im-Leerlauf
6 Schnabel, Ulrich: Vom geistreichen Nichtstun. http://www.zeit.de/2010/49/Geistreiches-Nichtstun
7 ebenda
8 Meinschäfer, Dr. Victoria: Schlaf und Gedächtnis: Schon ein kurzer Schlaf hat positive Auswirkungen. Pressemitteilung der Heinrich-Heine-Universität, Düsseldorf, vom 04.04.2008, http://idw-online.de/de/news253746
9 The nap manifesto: what napping can do for you. http://www.saramednick.com/htmls/pdfs/Take_a_Nap_03.pdf
10 Peng, Tina: Take a Three-Martini Nap. Newsweek, June 30 2008.

http://www.saramednick.com/htmls/press/media/
Newsweek%206_30_08.pdf

Kapitel 2 – Informationsflut und Medienterror

1 Rothfischer, Kathrin: Informationsflut. Gehirn im Dauer-
stress.
http://www.focus.de/gesundheit/ratgeber/psychologie/
tid-13038/informationsflut-gehirn-im-
dauerstress_aid_360262.html
Basex. The Cost of Not Paying Attention: How Inter-
ruptions Impact Knowledge Workers Productivity, New
York, 2005

2 Meckel, Miriam: Das Glück der Unerreichbarkeit. Wege
aus der Kommunikationsfalle. Murmann Verlag, Hamburg, 2007
Rock, David: Brain at Work. Campus Verlag, Frank-
furt/New York, 2011

3 Schnabel, Ulrich: Das Wesentliche im Blick. In: Die Zeit,
18/2011, S. 39

4 Hallowell, Edward M., M.D.: Crazy Busy. Strategies for
Handling Your Fast-Paced Life. Ballantine Books, New
York, 2007
Gilbert, Alorie: Zu viele Informationen: Warum wir nicht
mehr richtig aufmerksam sein können.
http://www.zdnet.de/it_business_strategische_planung_
zu_viele_informationen_warum_wir_nicht_mehr_
richtig_aufmerksam_sein_koennen_story-11000015-
39132519-1.htm

5 Wolf, Christian: Intelligenz 2.0. In: Gehirn & Geist,
4/2010, S. 42–48
Carr, Nicholas: Wer bin ich, wenn ich online bin ... und
was macht mein Gehirn solange? Wie das Internet unser
Denken verändert. Karl Blessing Verlag, München, 2010

6 BBC News: Infomania worse than marijuana.
http://news.bbc.co.uk/2/hi/uk_news/4471607.stm

7 Weber, Christian: Zähneputzen für das Gehirn.

http://www.sueddeutsche.de/wissen/meditation-und-
hirnforschung-zaehneputzen-fuer-das-gehirn-1.1030100
Siegel, Daniel: Das achtsame Gehirn. Arbor Verlag, Freiamt im Schwarzwald, 2007
Spiegel Online: Wieso häufiges Meditieren das Hirn
wachsen lässt.
http://www.spiegel.de/wissenschaft/mensch/
0,1518,592597,00.html

Kapitel 3 – Der Preis der Mobilität

1 Veröffentlichung der Bundesagentur für Arbeit:
http://www.arbeitsagentur.de/zentraler-Content/A01-
Allgemein-Info/A015-Oeffentlichkeitsarbeit/Publika-
tion/pdf/Gesetzestext-10-SGB-II-Zumutbarkeit.pdf

2 Schrenk, Jakob: Die Kunst der Selbstausbeutung. Wie wir
vor lauter Arbeit unser Leben verpassen. DuMont Buchverlag, Köln, 2007

3 Englisch, Gundula: Jobnomaden. Wie wir arbeiten, leben
und lieben werden. Campus, Frankfurt/New York, 2001

4 Reich, Robert B.: The Future of Success. Wie wir morgen
arbeiten warden. Piper Verlag, München, 2004
Manhart, Klaus: Ein Freund, ein guter Freund... In: Gehirn & Geist, 11/2005, S. 62–64

5 http://pressetext.com/news/110527003/

6 Schäfer, Annette: Der Preis der Mobilität. In: Gehirn &
Geist, Dossier Gute Arbeit, 2/2007, S. 68–72

7 Schneider, Norbert F.; Limmer, Ruth; Ruckdeschel, Kers-
tin: Berufsmobilität und Lebensform: Sind berufliche Mo-
bilitätserfordernisse in Zeiten der Globalisierung noch mit
der Familie vereinbar? Schriftenreihe des Bundesministe-
riums für Familie, Senioren, Frauen und Jugend, Band
208, Kohlhammer Verlag, Stuttgart, 2002
Spiegel Online: Häufige Jetlags verschlechtern Lernfähig-
keit.
http//www.spiegel.de/wissenschaft/mensch/
0,1518,731369,00.html

8 Wilhelm, Klaus: die Kraft der Natur. In: Gehirn & Geist, 5/2011, S. 44–49
Spektrumdirekt: Stadtleben stresst stärker.
http//www.wissenschaft-online.de/artikel/1114553
Harmon, Katherine: City Living Changes Brain's Stress Response.
http//www.scientificamerican.com/blog/post.cfm?id= city-living-changes-brains-stress-r-2011-06-22
9 ebenda

Kapitel 4 – Druck und Angst

1 Stress und Angst am Arbeitsplatz kosten Milliarden.
http://www.computerwoche.de/karriere/ karriere-gehalt/1909898/
2 Haubl, Rolf; Voß, Günter G.: Psychosoziale Kosten turbulenter Veränderungen. Arbeit und Leben in Organisationen 2008. In: Positionen. Beiträge zur Beratung der Arbeitswelt, kassel university press, Kassel, Heft 1/2009
Deutsche Gesellschaft für Gesundheit und Prävention e.V. (DGGP): (K)eine Angst im Job – Mit Ruhe und Bewegung gegen die Panik.
http://openPR.de/news/546746/K-eine-Angst-im-Job-Mit-Ruhe-und-Bewegung-gegen-die-Panik.html
Schrenk, Jakob: a. a. O.
3 Brown, Jeff; Fenske, Mark: So denken Gewinner. Warum Erfolg wenig mit IQ zu tun hat und andere Ergebnisse der Hirnforschung. Arkana, München, 2011
4 Hüther, Gerald: Biologie der Angst. Vandenhock & Ruprecht, Göttingen, 2011
Sander, Constantin: Change! Bewegung im Kopf. Business Village, Göttingen, 2010
5 Hüther, 2011, a. a. O.
6 Gruhl, Monika: Die Strategie der Stehauf-Menschen. Krisen meistern mit Resilienz. Kreuz Verlag, Freiburg im Breisgau, 2010
Nuber, Ursula: Leben mit einer dicken Haut. Zuversicht

bewahren in schwierigen Zeiten. In: Psychologie Heute, 7/2011, S. 20–27

Kapitel 5 – Burnout

1 TK-Gesundheitsreport 2011, Teil I, Arbeitsunfähigkeiten.
2 Wissenschaftliches Institut der AOK: Burnout auf dem Vormarsch. Berlin, Pressemitteilung vom 19. April 2011
3 Hüther, 2011, a. a. O.
  Maslach, Christina; Leitner, Michael P.: Die Wahrheit über Burnout. Stress am Arbeitsplatz und was Sie dagegen tun können. Springer-Verlag, Wien, 2001
4 Nelting, Manfred: Burn-out. Wenn die Maske zerbricht. Wie man Überlastung erkennt und neue Wege geht. Mosaik bei Goldmann, München, 2010
5 Saum-Aldehoff, Thomas: Wie Stress das Gehirn verändert. In: Psychologie Heute compact, Heft 27, 2011, S. 52–53
6 Nelting, 2010, a. a. O.
7 Hammer, Matthias: Das innere Gleichgewicht finden. In: Psychologie Heute compact, Heft 27, 2011, S. 73–77
8 Csikszentmihalyi, Mihaly: Flow im Beruf. Das Geheimnis des Glücks am Arbeitsplatz. Klett-Cotta, Stuttgart, 2004

Kapitel 6 – Arbeitsleben 2.0 – anders, schnell, flexibel, neu

1 Initiative Kultur- und Kreativwirtschaft der Bundesregierung.
  http://www.kultur-kreativwirtschaft.de/KuK/Navigation/kultur-kreativwirtschaft,did=329926.html
2 Pöppel, Ernst: Heureka, ich hab's gefunden.
  http://www.manager-magazin.de/unternehmen/karriere/0,2828,341834,00.html
3 Dewald, Ulrich: Ideen auf Rezept.
  http://www.wissenschaft.de/wissenschaft/hintergrund/306839.html
4 Pöppel, Ernst: Zum Entscheiden geboren. Hirnforschung

für Manager. Carl Hanser Verlag, München, 2008

Pink, Daniel H.: Unsere kreative Zukunft. Warum und wie wir unser Rechtshirnpotenzial entwickeln müssen. Riemann Verlag, München, 2008

5 Kast, Bas: Wie werde ich ein Genie? In: ZEITmagazin LEBEN, 19.07.2007, Nr. 30

6 Posner, Michael I.; Patoine, Brenda: How Arts Training Improves Attention and cognition. In: The Dana Foundations's Cerebrum. Emerging Ideas in Brain Science 2010, Dana Press, Washington, 2010, S. 12–22

Literaturempfehlungen

Bücher:

Brown, Jeff; Fenske, Mark: So denken Gewinner. Warum Erfolg wenig mit IQ zu tun hat und andere Ergebnisse der Hirnforschung. Arkana, München, 2011

Carr, Nicholas: Wer bin ich, wenn ich online bin ... und was macht mein Gehirn solange? Wie das Internet unser Denken verändert. Karl Blessing Verlag, München, 2010

Csikszentmihalyi, Mihaly: Flow im Beruf. Das Geheimnis des Glücks am Arbeitsplatz. Klett-Cotta, Stuttgart, 2004

Englisch, Gundula: Jobnomaden. Wie wir arbeiten, leben und lieben werden. Campus Verlag, Frankfurt/New York, 2001

Gross, Werner: ... aber nicht um jeden Preis. Karriere und Lebensglück. Kreuz-Verlag, Freiburg im Breisgau, 2010

Gruhl, Monika: Die Strategie der Stehauf-Menschen. Krisen meistern mit Resilienz. Kreuz Verlag in der Verlag Herder GmbH, Freiburg im Breisgau, 2010

Hallowell, Edward M., M.D.: Crazy Busy. Strategies for Handling Your Fast-Paced Life. Ballantine Books, New York, 2007

Hüther, Gerald: Biologie der Angst, Vandenhoeck & Ruprecht, Göttingen, 2011

Kraemer, Horst: Soforthilfe bei Stress und Burn-out. Kösel-Verlag, München, 2010

Loriot: Szenen einer Ehe in Wort und Bild. Diogenes Verlag, Zürich, 1986

Maslach, Christina; Leiter, Michael P.: Die Wahrheit über

Burnout. Stress am Arbeitsplatz und was Sie dagegen tun können. Springer-Verlag, Wien, 2001

Meckel, Miriam: Das Glück der Unerreichbarkeit. Wege aus der Kommunikationsfalle. Murmann Verlag, Hamburg, 2007

Meckel, Miriam: Brief an mein Leben. Erfahrungen mit einem Burnout. Rowohlt Verlag, Reinbek bei Hamburg, 2010

Nelting, Manfred: Burn-out. Wenn die Maske zerbricht. Wie man Überbelastung erkennt und neue Wege geht. Mosaik bei Goldmann, München, 2010

Pink, Daniel H.: Unsere kreative Zukunft. Warum und wie wir unser Rechtshirnpotenzial entwickeln müssen. Riemann Verlag, München, 2008

Pöppel, Ernst: Zum Entscheiden geboren. Hirnforschung für Manager. Carl Hanser Verlag, München, 2008

Reich, Robert B.: The Future of Success. Wie wir morgen arbeiten werden. Piper Verlag, München, 2004

Rock, David: Brain at Work. Campus Verlag, Frankfurt/New York, 2011

Sander, Constantin: Change! Bewegung im Kopf. Business Village, Göttingen, 2010

Schnabel, Ulrich; Muße. Vom Glück des Nichtstuns. Karl Blessing Verlag, München, 2010

Schrenk, Jakob: Die Kunst der Selbstausbeutung. Wie wir vor lauter Arbeit unser Leben verpassen. DuMont Buchverlag, Köln, 2007

Siegel, Daniel: Das achtsame Gehirn. Arbor Verlag, Freiamt im Schwarzwald, 2007

Zulley, Jürgen: Die kleine Schlafschule. Wege zum guten Schlaf. Verlag Herder, Freiburg im Breisgau, 2010

Interessante Seiten im Internet:

http://www.yourbrainatwork.org
http://www.dana.org
http://www.inqa.de
http://www.gehirn-und-geist.de
http://www.dasgehirn.info
http://www.gfg-online.de
http://www.zeit.de
http://www.business-wissen.de
http://www.focus.de/gesundheit
http://www.spiegel.de/wissenschaft
http://wissenschaft-online.de
http://scientificamerican.com
http://gezeitenhaus.de

Broschüren und Pressemitteilungen:

Statistisches Bundesamt: Jeder zehnte Erwerbstätige mit
  überlanger Arbeitszeit – neuer Bericht zur Qualität der Ar-
  beit. Pressemitteilung Nr. 347 vom 28.09.2010
Gesundheitsbericht 2011, Techniker Krankenkasse
Wissenschaftliches Institut der AOK: Burnout auf dem Vor-
  marsch. Berlin, Pressemitteilung vom 19. April 2011
The Dana Foundation's Cerebrum. Emerging Ideas in Brain
  Science 2010, Dana Press, Washington, 2010

Zeitschriften:

Gehirn & Geist. Das Magazin für Psychologie und Hirnforschung. Verlag Spektrum der Wissenschaft, Heidelberg
Psychologie Heute. Beltz Verlag, Weinheim
Geistig Fit. Zeitschrift der Gesellschaft für Gehirntraining
  e.V., Ebersberg

Wegweiser zu den Übungen

Seite

Mein Leben, meine Arbeit – eine Selbsteinschätzung 18
Die Balance der Lebensbereiche 20
Überprüfung der eigenen Belastungssituation 36
Gedanken zum Umgang mit den Medien 39
Training des Kurzzeitgedächtnisses 44
Atemmeditation 48
Eigene Bedürfnisse, Werte und Ziele klären 59
Eigene Bedürfnisse und Wünsche verwirklichen 65
Übung zur Schärfung der Sinne 71
Gedanken- und Gefühlsprotokoll 80
Der etwas andere Lebenslauf 85
Ängste und Unsicherheiten – Faktencheck 91
Kopfkino 92
Energie in Balance 103
Kohärenzübung 108
Stärken und Fähigkeiten aufspüren 113
Genussregeln 117
Aktivitätenliste zur Förderung kreativer Fähigkeiten 135
Mini-Übungen zum Training der Kreativität 141